クラスで気になる子の

サッとツール & ふわっとサポート 333

LD、ADHD、高機能自閉症を持つ子が教えてくれた

阿部利彦 著　協力・西埼玉LD研究会

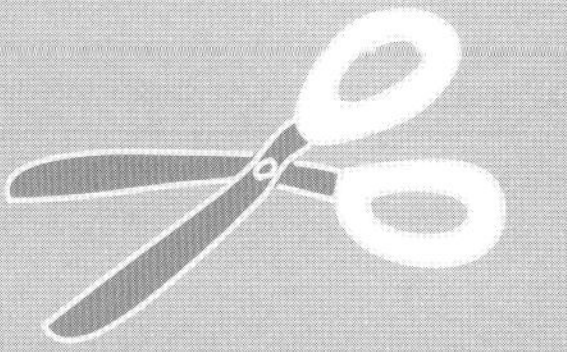

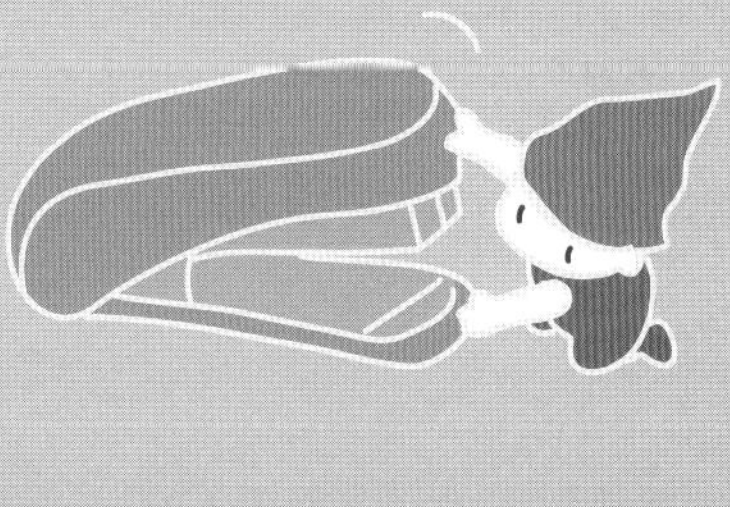

ほんの森出版

はじめに　支援の秘伝レシピをお届けします

通常学級で見かける、様々な困難を持つ子どもたちから学んだ支援のポイントをご紹介する、それがこの本の目的です。

本書の知恵袋、西埼玉ＬＤ研究会は、「特別支援教育」といった言葉すらなく、「ＬＤ」というとほとんどの人から「それ、レーザーディスクのことですか？」と言われたという十数年も前からすでに、通常学級担任として発達障がいを持つ子どもたちの支援を実践してこられた先生方のグループです。

その研究会のアイデアを盛りだくさんでご紹介するのは、まるで老舗の料理屋さんが、その秘伝のレシピを惜しげもなく公開してしまうような感じです。

本書は、２００７年４月号から２００９年３月号までの『月刊学校教育相談』の連載がもとになっていますが、連載を読んでいてくださったある校長先生は「こんなに教えちゃっていいの？」と言ってくださいました。もちろん、「いいんです」。

このレシピをお伝えすることで、より多くの子どもたちに人生の栄養をたくさん補給してあげられたら、と私たちは思っています。

さて、なぜ支援を料理にたとえたかと言いますと、西埼玉ＬＤ研究会の先生方が支援のポイントをこんなふうにまとめてくれたからです。

「万人のためのレシピに、その子に合った支援というかくし味をつける、それが特別支援教育です」

この２行には、とても大切なメッセージがこめられています。特別支援教育のベースは、万人のためのレシピ、すなわち通常学級で先生方が生み出している日々の授業だということ、そして特別支援教育は、そのいつもの支援にちょっとしたスパイスを加えるだけだということです。

先生方にとっては、難しいフレンチのレシピをにわか仕込みで覚える必要などなく、毎日のおかずにほんの一振り、アイデアのかくし味を加えるだけでいいのです。

それに、よその国から伝授された支援をそのまま日本の子どもたちに提供したとしても、うまくいかないことは十分考えられます。いくら凝った料理でも、子どもが「おいしい」と言ってくれないとしたら、その支援がその子に染み込むことはないでしょう。

しかしながら学校現場では、「こんなに一生懸命に考えてやったのに」とか「どうしてこんなすばらしい支援がいやなんだ」「この子は支援をしてもムダだな」と、子どものせいにしてしまうようなことがあります。でも本当は、その子に合うように、こちらが支援のレシピを見直さなくてはならないのです。

「支援は、最初こってり、次第にあっさり」

特別支援教育では、最初はじっくりと、かなり手厚い支援を実施しなくてはならない場合があります。しかし、子どもは成長とともに、その濃い支援をだんだんうっとうしく思ってくることが多いのです。私たちだって、どんなに手が込んでいても、同じ味のこってりした料理ばかり食べていたら飽きてしまいますよね。ですから、それを見越して、徐々にあっさりと、ささやかな支援にフェイドアウトしていけるといいでしょう。

「先生のニッコリは、子どものニッコリ」

やはり、おいしい料理をつくるためには、つくる人が料理を楽しむことがコツです。レシピを生み出し実施することを楽しまなければ、それを味わう子どもも楽しめない、そう思います。

そして、そんなときは「この支援のどこがまずかったのか」を、子どもからよく教えてもらいましょう。

もちろん、一生懸命つくった支援レシピで子どもが「できた！」「わかった」とうれしそうな顔をするのを見て、私たちはますます「次はどんなステキな支援をつくってあげようかな」と楽しみになるわけです。

「レパートリーを増やす自分磨きが大切」

また、子どもの支援には、ファストフード的に即対応する「サッとサポート」と、スローフード的にじっくりと次第に子どもやクラスを包み込んでいく「ふわっとサポート」の両面が必要だと思っています。ですから、「サッと」「ふわっと」両方について、支援者の皆さんが自分を磨きながら、たくさんの引き出しを増やしていけるとよいですね。

あっ最後にもう一つだけ！

この本は料理本と同じですが、ここに出ている支援アイデアやツールは、皆さんのたたき台として使っていただきたいのです。このレシピそのままの支援ではうまくいかないクラスや子どもたちももちろんいるでしょうから。ぜひ、いろいろアレンジしてあなただけのレシピをつくりだしてください。そして、支援の出来をどうぞ子どもと一緒に楽しんでください。

あなたのオリジナル・アイデア集がつくられていくことを願ってやみません。機会があったら、私たちにもぜひそのレシピを教えてくださいね。

子どもたちのために、私たちが互いに高めあってゆけますように。

２００９年７月

阿部　利彦

もくじ

装丁／本文図・イラスト　岡本　愛子

第 *1* 章

特別支援教育の12か月

スタートのその前に
特別支援教育でもっとも大切なこととは？

新年度の始まりは、新しい職場、新しい仲間、そしてなんといっても新しい子どもたちの笑顔に出会える季節ですね。

私たちは、新しい出会いを迎えると、期待とともに不安を感じるものです。「特別支援」と言われても、まだまだ具体的なイメージがわかず、「専門的な知識がないから無理」「時間がない」「人がいない」と負担に感じる先生がいらっしゃるのも当然のことでしょう。

さていきなりですが、皆さんは、特別支援教育でもっとも大切なことは何だと思われますか？　「発達障がい」に関する知識でしょうか？　知能検査が正確に実施できることでしょうか？　それとも個別の指導プランを作成する技術でしょうか？

もちろん、それらも大切なことですが、私がまず一番にあげたいのは「子どもが好きである」ということです。

どうでしょう、「それなら大丈夫」「子どもを好きな気持ちは誰にも負けない」という先生がたくさんいらっしゃるのではないでしょうか？

同じＡＤＨＤという診断名を持つ子でも、一人一人違います。自分の目の前にいる子を「すごいなあ」「おもしろい子だなあ」と思うアンテナがあれば、必ずその子の「いいところ」や「支援が必要なところ」が見えてくるものです。そして、子どもを理解するということは、子どもから教えられる、ということ。「子どもを師とする」とでも言いますか、そんな姿勢が重要なのかもしれません。

「クラスを安定させること」が基本

次に大切なことは、「学級の安定を図る」ということです。「えっ、発達障がいを持つ子の特徴に合わせて個別に配慮するのが特別支援じゃないの？」と思われるかもしれませんが、実は、クラスの子どもたちと信頼関係を築き、集団の楽しさ、勉強のおもしろさを教えることが「支援の始まり」なのです。

子どもたちは、次に何をしたらいいのか、どう動けばいいのかがわからないと混乱します。混乱する子どもが多いと、おのずとクラスの雰囲気はバタバタ、ワサワサします。勝手におしゃべりをする子や、手いたずらする子、うろうろ立ち歩く子も出てきてしまうかもしれません。そんな環境は発達障がいを持つ子にとってはとても不安定ですし、「他の子もやっているんだから自分も」と感じさせてしまう場合もあります。

ですから、クラスの雰囲気からバタバタ、ワサワサした感じをいち早く取り除くことで、発達障がいの子も落ち着いて過ごせる環境ができあがるのです。

「環境」を整える

「特別支援教育」というと、発達障がいを持つその子自身、その子1人にだけはたらきかけようとする発想が根強くあります。しかし、特に通常学級においては、その子を変えようとする前に、まず教室環境の整備を最優先するべきなのです。

数年前、ある先生からこんな相談を受けました。

ナカムラ先生「この子はＡＤＨＤの傾向が強くて、集中力に欠けているんです。授業中、よく物を拾っては手いたずらばかりしているんですよ」

阿部「どんな物で遊ぶんですか？」

ナカムラ先生「折り紙の手裏剣とか、紙くずとか、ボタンとか輪ゴムとか釘とか、なんでも遊びに使うんです」

阿部「そういう物はよく教室に落ちているんですか？」

ナカムラ先生「はい、そうですね」

皆さんはこのやりとりからナカムラ先生のクラスにどんなイメージを持たれるでしょうか？　実は先生の教室はいつも雑然としていました。ゴミ箱のゴミはあふれているし、学級文庫の本は今にも崩れ落ちそう、床には3日前の給食で出たみかんの皮まで発見できました。

ここまで極端ではなくても、学校訪問をしていると、散らかり放題の教室をよく見かけます。そんな教室には、発達障がいを持つ子が問題行動をより起こしやすい、マイナスの刺激があふれているのです。

教室全体の整備

まずは、年間を通して絶えずていねいに実践したいサポートからあげてみましょう。

ふわっとサポート1　1日1回は教室を見まわす

登校前、あるいは放課後、子どもたちのいない教室をぐるっと見まわしましょう。教室の雰囲気、机や椅子、床、壁、掲示物、ゴミ箱、水槽などをチェックします。汚れていないか、破れているものや壊れているものはないか。

支援の基本は、物理的に子どもたちが学びやすく、居心地のよい落ち着いた環境をできる限り提供することです。

ふわっとサポート2　不要なものはなるべく教室に置かない

以前うかがったある地域で、生徒指導上配慮を要するにもかかわらず、教室内に折れた傘や釘などが放置されている中学校を目にしたことがあります。安全面に配慮して、即座に撤去しなくてはいけません。

また、低学年の指導で楽器を頻繁に活用される先生もいらっしゃいますが、教卓周辺に置きっぱなしにすると、気が散ってしまう児童もいますので気をつけましょう。

ふわっとサポート 3 **ロッカーなどはカーテンで目隠しを**

ふわっとサポート 4 **学級文庫は放課後整頓しておく**

『かいけつゾロリ』が大好きな子がいました。彼は1巻から順に並んでいないと気になって、並べ直そうと授業中何度も離席してしまいます。先生は注意ばかりしていましたが、本を読んだらきちんと戻すようクラス全体で気をつけ、指導を徹底した結果、その子は離席しなくなりました。彼のおかげで教室も整理されました。

ふわっとサポート 5 **破損個所はすみやかに修理を**

壁などの一部を破損したまま放置すると、そこを集中的に蹴ったりして壊してしまう子がいます。

ふわっとサポート 6 **生き物の世話には気をつける**

命を大切にする指導だとしても、死んでしまったザリガニなどは長期間放置せず、先生が声をかけクラスで弔ってあげましょう。枯れた草花も同様です。何か月も水替えをせず放置され緑色によどんだ水槽の中でもたくましく泳ぐ金魚の姿には感動さえ覚えてしまいますが、それで命の大切さは伝わるでしょうか？

驚かれるかもしれませんが、そのような教室が実際に存在するのです。

黒板とその周辺・掲示物を整える

集中しやすい環境を整えてあげれば、発達障がいの子の支援にかける負担も最小限ですむのです。黒板の周囲の環境整理について、以下にポイントをあげてみましょう。

ふわっとサポート 7 **黒板の板書スペースを確保（書くスペースを広くとる）**

ふわっとサポート 8 **黒板につけた名前プレート（マグネット）は、使用後元の位置に整然と戻す**

ふわっとサポート 9 **チョークの消し跡を残さない**

ふわっとサポート 10 **黒板周辺の掲示はシンプルに（板書に注意を向けやすくするため）**

ふわっとサポート 11 **剥がれてきた掲示物は放置せず、即座に貼り直す**

ふわっとサポート 12 **破れた掲示物は直すか外す**

ふわっとサポート 13 **長期貼っておくものはラミネートにする**

ふわっとサポート 14 **不要になった掲示物はすみやかに外す**

さまざまな支援ツールの使用に際して

さて、基本的な掲示物だけでなく、この後ご紹介していく支援用の掲示物やツールについても、使用方法を整理しておきましょう。

ふわっとサポート15　ターゲットを絞る

子どもの問題行動を気にするあまり、あれもこれも直さなくてはと支援用の掲示物を貼りまくると、刺激過多になりますし、なにより目標がぼやけて、支援が散漫になってしまいます。的を絞った掲示がポイントです。

また、これらのツールは、ただ貼っておくだけではだんだん効果が薄れてきます。場面に応じて意識的に声かけし、ツールが機能するようにしましょう。

ふわっとサポート16　支援者自身にフィットしたツールを使用する

そのツールが、支援する皆さんにとってしっくりくると感じられなければ、なかなか効果はあがらないでしょうし、長期にわたっての活用は困難でしょう。違和感があるツールをむりして使うより、自分にピンとくるツールを探して活用しましょう。

ふわっとサポート17　A君にうまくいったからB君にも、という感覚は×

発達障がいのある子どもたちも十人十色です。子どもによっては、他の子にうまく活用できたツールでも効果があがらないことも。そんな場合は、その子自身をよく観察して、その子らしさに合わせたツールとなるよう、見直してみてください。

ふわっとサポート18　クラスメートの反応を考える

特定の子に向けての掲示物などは、他の子どもたちがそれをどう思うかも考慮に入れましょう。その子が引け目に感じたり、からかいの種になったりする可能性があれば、再検討しましょう。また、参観日などで保護者の目に触れる場合にも同様の配慮が必要です。

ふわっとサポート19　つけやすい、取り出しやすい、外しやすいが理想

ふわっとサポート20　よけいな装飾はせず、なるべくシンプルに

ふわっとサポート21　使うときの適切なタイミングを考える

何事にもそれがより効力を発揮するタイミングというものがあります。どういう場面で、どのタイミングでそのツールを使うのが効果的かを検討しましょう。

ふわっとサポート22　いつか使わなくてもよくなる状態を常に意識する

ふわっとサポート23　思いやりをこめて

そのツールに、支援者の思いやりや愛情が込もっていれば、効果は倍増することは言うまでもありません。

整理整頓の支援

教室の整備は、先生お一人でいくら頑張っても限界がありますよね。ですから、整理整頓を苦手とする子どもたちへの支援を行い、整った環境を保ちましょう。

ふわっとサポート24 学級内のルールを決める

廊下のフックにかける物、机の横にかける物を決めておく、また「椅子の下には物を置かない」などの基本的なルールを決めておくことが大切です。

ふわっとサポート25 物や道具の定位置、戻す位置を示す

片付ける際の、視覚的手がかりを提示しましょう（下のイラスト参照）。

ふわっとサポート26 片付けるタイミングを指示する

適切なタイミングで片付けることが苦手な子が多いので、片付けの「キュー」を出してあげましょう。

お道具箱の整理

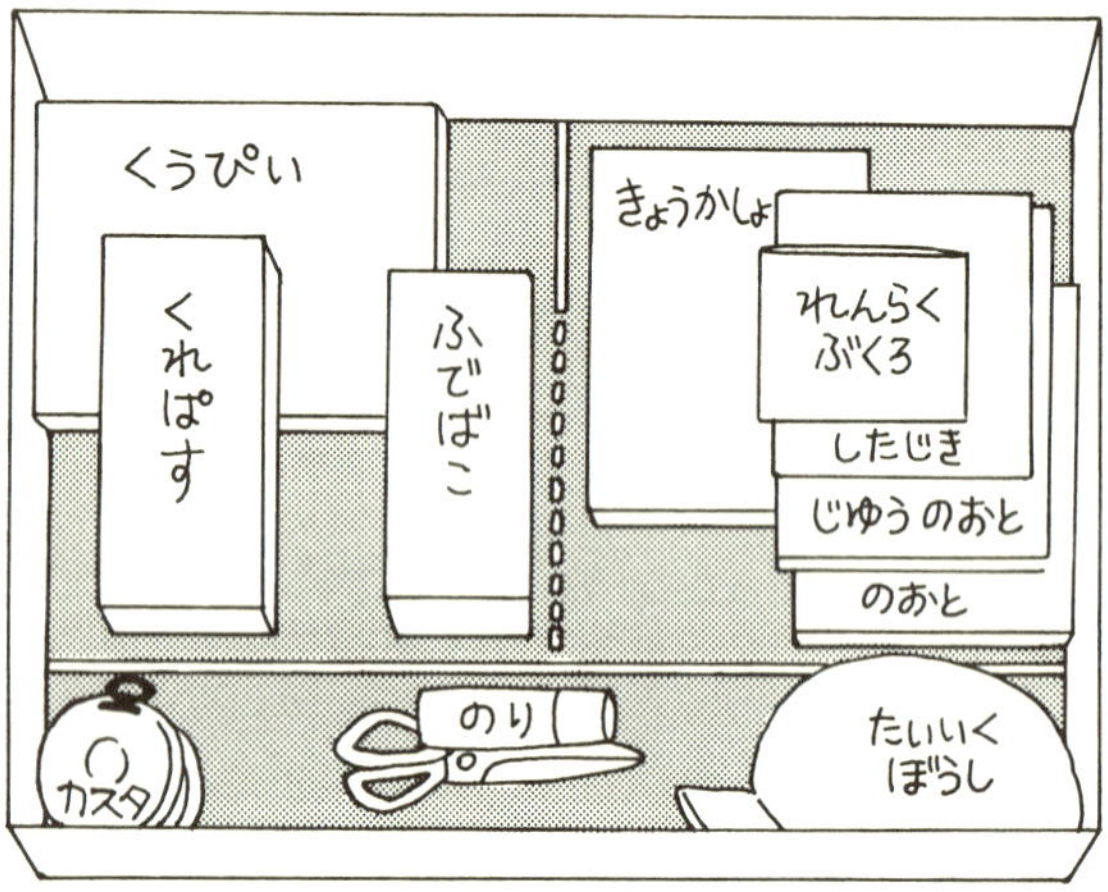

ふわっとサポート27 週末に机の中を整理させる

週末には個別に声かけして、机の中の整理を援助しましょう。紙くずやゴミに思えるものでも一方的に捨てたりせず、その子の意見を聞きながら整理します。

さて、前述のナカムラ先生ですが、現在は教室をきれいに保つためにとても努力をしてくださっています。

ナカムラ先生「よけいなものがあると、他の子もどんどん落ち着かなくなるので、そうじせざるを得なくなりました。今は当たり前に整頓ができるようになってます。学級も落ち着いて、授業がしやすくなりました」

クラスの子どもたちと本気で遊ぶ時間を持つ

また、特別支援で難しいのは、先生方の個別の配慮に、「なぜあの子だけ許されるの?」「あいつばかりずるい」という声をあげるクラスメートが出てくる場合です。「ひいきだ」という不満の声は、実は「自分も先生にかわいがってほしい」「こっちを見てほしい」という気持ちの裏返しなのです。

子どもたちにそんな気持ちを抱かせないためには、まず休み時間、子どもたちと本気で遊ぶことをお勧めします。百の言葉で説得するより、毎日10分でも一緒に汗をかきながら心を通わせたほうが、子どもたちは納得してくれることでしょう。

新年度のなるべく早いうちから多くの子どもたちと「心」を通わせていくことによって、今後必要となるであろう「発達障がいの子にだけ許すこと」や「特定の子に他の子より多くかかわって指導すること」をクラスメートが認めてくれる素地ができていきます。つまり、先生のやることを子どもたちが「大目に見てくれる」ようになるのです。

この期間は、クラスが「さりげなく先生を援助してくれる」土壌をつくる大切な時期なのです。

1 サッとツール　『U-SST ソーシャルスキルワーク』

通常学級で特定の児童に個別の対応をすることだけが特別支援教育ではありません。「クラスを育てること」こそが、子どもにとっても、先生にとっても、大変重要なことなのです。

しかしながら、クラスを育むためには、先生方の日々の努力、クラスの子どもたちとの交流の積み重ねが第一で、それに役立つツールというものは、なかなかないと言わざるを得ないのが現状でした。

ですがこのたび、先生方のお役に立てるツールを一冊の本として発行することができました。それがこの『U-SST ソーシャルスキルワーク』、クラスの子どもたちの人間関係力を育てるワークブックです。U-SSTとは、ユニバーサル・ソーシャルスキルトレーニングの略で、若手からベテランの先生まで幅広く活用していただけるものです。クラスづくりの即戦力となると思います。ぜひ、先生方の力強い「相棒」にしてください。

（阿部利彦／監修『U-SST　ソーシャルスキルワーク』日本標準、2009年）

4月の特別支援

新しい出会いや出発を援助する

さて、特に4月にやっておきたい取り組みはというと、新しい出発をスムーズに迎えさせるということです。子どもたちは「今年の担任の先生はどんな先生かな？」「新しいクラスでうまく友達ができるかな？」と、わくわく、どきどきしています。発達障がいを持つ子の中には、「昨年のクラスはうまくいかなかったけど、今年こそは！」と考えている子もいます。

そのような子どもたちをサポートする出会いの工夫をご紹介します。

ふわっとサポート 28 席、下駄箱、ロッカーは事前に決めておく

小学校低学年では、例えば出席番号順に座席を決めておく、などというのは当たり前ですが、高学年くらいになると、クラス分け発表の後、教室にばらばらと移動し、子ども自身が適当に座席を決めたりする場合があるのです。

こんなときに、場の流れに乗れずあぶれてしまう子や、席にこだわってトラブルになる子が出てきます。そうなると出会いから最悪です。

ある女の子は、女子のグループのどこにも入れず、女子が固まって座っている場所からはじかれて、男子のところにぽつんと座るしかなくなり、始業式からつらい思いをしたそうです。

場の雰囲気を読んですーっと臨機応変に対応することの苦手な子どもたちのためにも、事前に座席などは設定しておいていただけるといいと思います。

ふわっとサポート 29 自己紹介の仕方は具体的に示す

新メンバーのクラスで支援すべきことは、自己紹介の仕方を具体的に示すことです。自己紹介の型がないとどう話していいかわからず固まってしまうタイプ、好きなことをどんどん話し続けるタイプなど様々ですが、「緊張しちゃってる」とか「いつまで話してんだよ」と言われる場面をつくらないよう配慮したいものです。

例えば、「自己紹介で言うことは三つ、①名前、②好きなことや得意なこと、③自分をどう呼んでほしいか、です」という具合に示してあげます。そして、始業

式の日の宿題にして、家でリハーサルさせておくのです。できれば学年で統一して、自己紹介の仕方を決めておくといいでしょう。

サッとツール 2　友達の名前覚えゲーム

また、発達障がいを持つ子の中には、友達に関心がないわけではないのにクラスメートの名前がなかなか覚えられない子がいます。いつまでも「ねえ」「君さぁ」としか相手を呼ばない、などという場合もあります。

そこで、4月のクラスレクなどで、名前を呼びながらボールを相手に渡す、といった簡単なゲームを取り入れてみましょう。大きく名前を書いた札を全員が首から下げて行います。

ふわっとサポート 30　発言や発表の約束事を決めておく（「はい」は1回、など）

見通しを持たせる支援

対人関係以外で重要な支援は、早期に毎日のスケジュールを把握させることです。

ふわっとサポート 31　クラスのどの席からも時間割表が確認できるようにする

ふわっとサポート 32　時間割表は教科ごとに色分けする

時間割表をつくるときは、国語なら赤、算数なら青、という具合に教科を色で分けてわかりやすく示すとよいでしょう。

ふわっとサポート 33　時間割の変更はなるべく前日までに知らせる

ふわっとサポート 34　その日の予定ややるべきことを、いつでも確認できるように提示する

4月はスケジュールの変更がかなり多いので、予定外のことで気持ちが不安定になる子のために、その日のスケジュールを黒板などに掲示しましょう。視覚的に示してあげると、混乱が少なくてすみます。

ふわっとサポート 35　1時間の授業の流れを導入時に説明する

ふわっとサポート 36　授業での活動の手順を提示する

ふわっとサポート 37　作業や活動時間を提示し、確認できるよう工夫する

また、残り時間に見通しを持たせるために、様々なタイマーなどもあります。

サッとツール 3　キッチンタイマー

いちばん手軽なのが、キッチンタイマーです。作業の終了時に音が鳴るだけでも授業にメリハリがつきます。

サッとツール 4　タイムタイマー（Time Timer, LLC）

60分のタイマーで、赤い円盤は残り時間を示しています。だんだん赤い部分が

減っていくので、残り時間を子どもたちが目で確認することができます。

タイムタイマー

5 サッとツール

タイムトラッカー（ラーニングリソース社）

赤、黄、緑ライトの点灯と効果音で、時間の経過と終了時間を知らせるタイマーです。

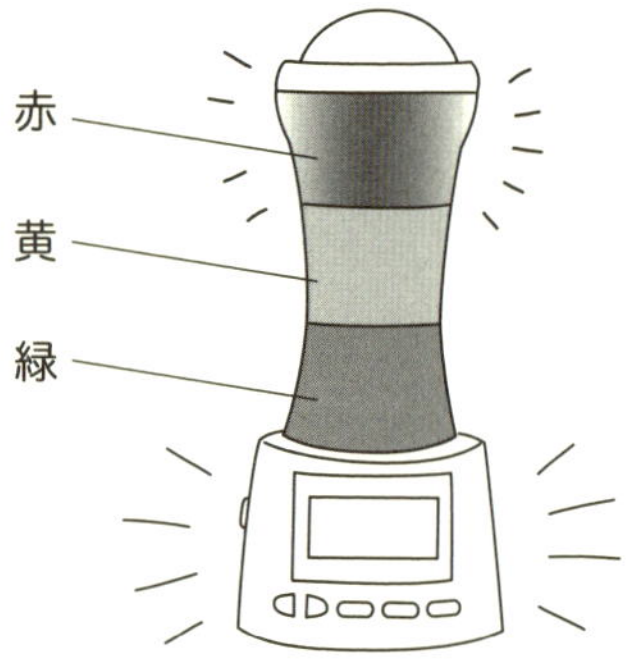

タイムトラッカー

ふわっとサポート 38 その授業で使わないものは机上から片付けさせる

ふわっとサポート 39 課題用プリントは問題数を調整する（1枚に盛り込みすぎない）

ふわっとサポート 40 課題が早く終わったときのために、個別の課題やお楽しみを用意する

役割を明確にする支援

給食やそうじなどある程度自由度のある活動では特に、流れや手順、一緒に活動するメンバーなどが不明確だと、混乱したり不安になったりする子がいます。多くの子どもはわかっていることでも、確認してあげるとスムーズに活動できます。

ふわっとサポート 41 給食のおかわりのルールを決めておく

ふわっとサポート 42 給食当番やそうじ当番のメンバーを示す

ふわっとサポート 43 そうじ用具の片付け方を絵や写真で示す

ふわっとサポート 44 そうじ場所にそうじの手順表や使う道具を示す

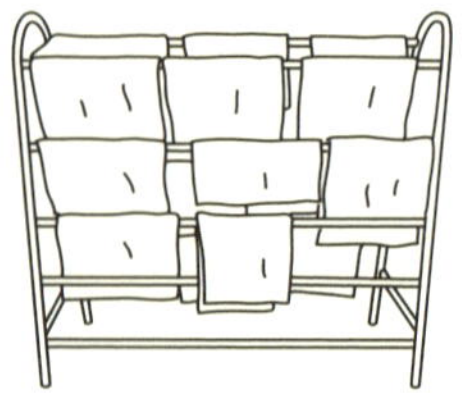

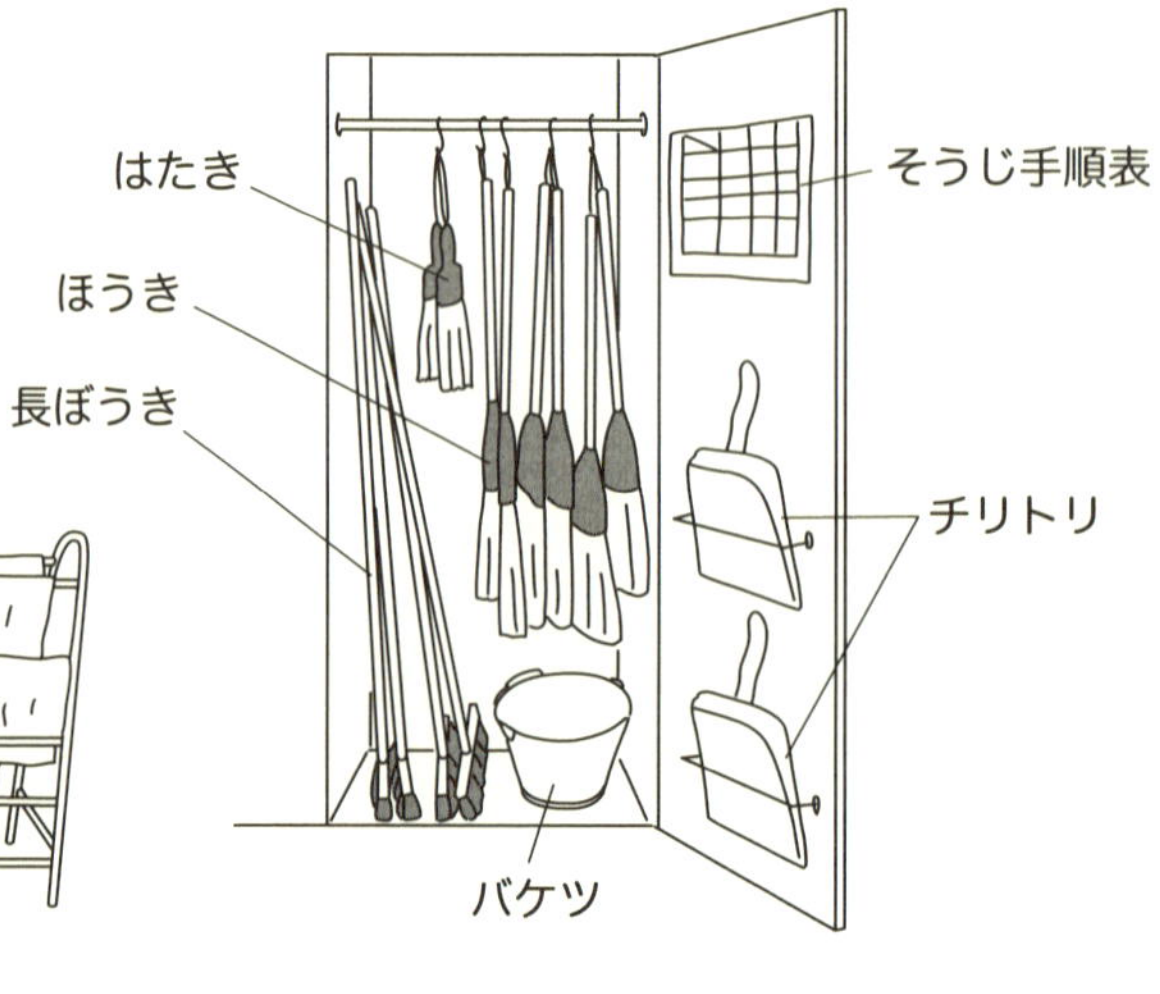

6 サッとツール

コンテナボックス

教室を片付けたいけれど物を置く場所は限られているのが現状。そんなときに役立つのが、コンパクトに折りたためるコンテナボックスです。これを数個用意しておいて、子どもたちの持ち物を収納し重ねておくと教室がすっきりしますよ。

コンテナボックス

7 サッとツール

ポシェット

ポシェットの中身は、糊、はさみ、メモパッド、ばんそうこう、マジック、笛、シール、ビニールテープ、といったものです。とっさのときに〝サッと〟支援できるよう、これらをポシェットに装備しておくのです。

ポシェット

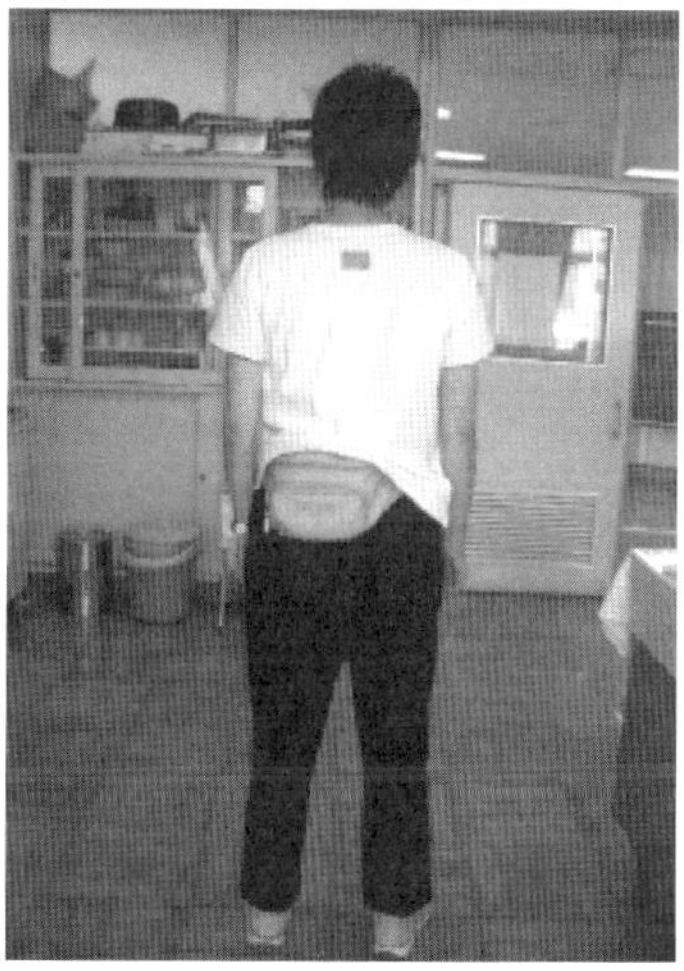

8 サッとツール

ビニールテープ

ビニールテープは大変役立つ支援ツールです。例えば並ぶとき、待つとき、移動するとき、場所や位置を示す目印として貼ります。清掃のときに机の列ごとに床にテープを貼って、列番号を書いておけば、机を戻すときの目安になります。よく物をなくす子の文房具には、すべて同じ色のテープを貼ってあげます。

　色つきビニールテープ、ガムテープ、布テープなどを用途に合わせて各種使い分けます。これは、言葉による指示を少なくするためにも有効です。

ビニールテープの使用例

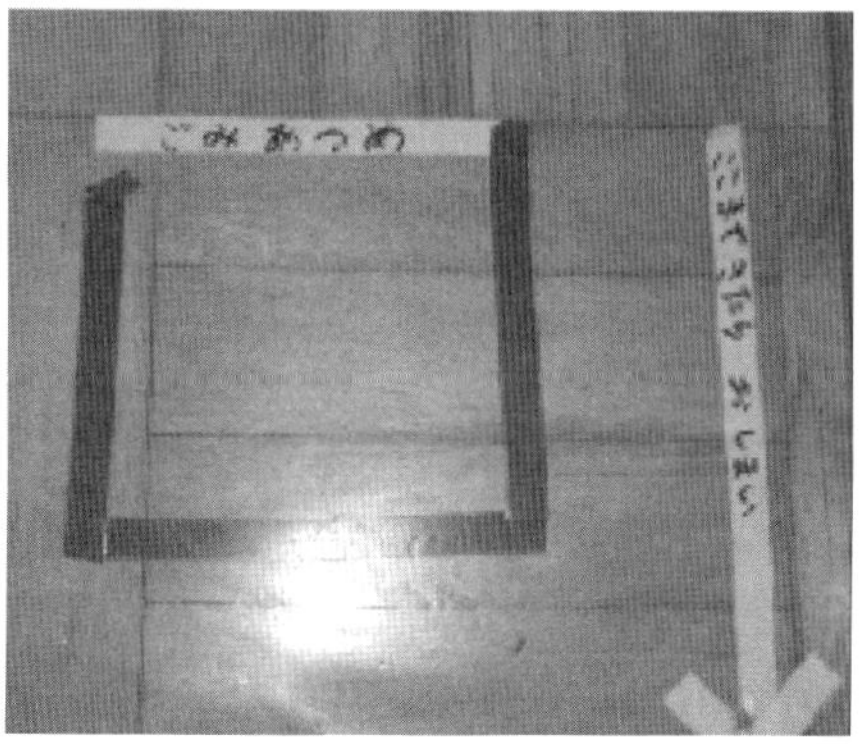

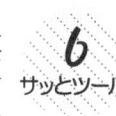

5月の特別支援

いきなり「リバウンド」!?

5月といえば、やはりゴールデンウィークですね。怖いですね。なぜかというと、4月中に先生方が子どもたちと心を通わせ、こまやかに支援し、ようやくクラスに「秩序と安定」が訪れたかと思いきや、休み明けの教室に入ると、ワサワサ状態がリバウンド（?）していて、4月前半よりひどくなっているのではないかと感じることさえありますよね。「また最初からやり直し?」とがっくりしてしまいます。同様の現象は月曜日などにも起き、学校では、「魔の月曜日」などと呼ばれることもあります。

でも、4月の「信頼関係づくり」と「ルールづくり」、この二つの基本がおさえられていれば、だいじょうぶ。「穏やかなクラス」の種は先生方によってすでに蒔かれています。ほどなくクラスは安定してきますのでご安心を。ただし、いくつか支援のポイントがあります。

ふわっとサポート 45　ワサワサしそうなときは、こちらから先にポジティブな暗示をかける

例えば、「おっ、みなさんの協力で静かに授業が進められそうですね。サトルさん、いい姿勢ですよ」といった具合に、先手を打つことが大事です。

ふわっとサポート 46　授業の導入場面では、具体物を提示して視線を引きつける

子どもたちの注意を引きつけるこんなアイテムもあります。

9 サッとツール　「見て!」カード

授業のポイントとなる場面で、「見て!」と書いたカードをタイミングよくサッと出して、子どもたちの注目を引きます。

10 サッとツール　チューモク棒（内田洋行）

人差し指で指している手の形をした、

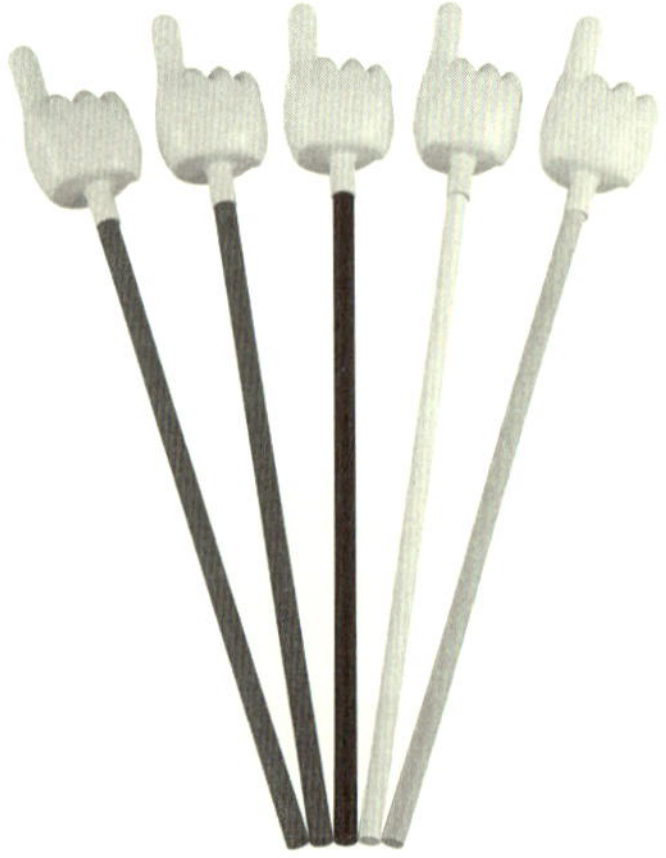

カラフルな指差し棒です。注目を喚起します。発表するときに子どもたちに持たせても楽しいです。

サッとツール 11　ボイスチェンジャー

時にはこんな遊び心もいかがでしょうか。子どもたちが注目すること請け合いです。

ふわっとサポート 47　最近の話題を取り入れて「おやっ?」と思わせる

ただし、子どもの間で流行っているような話題の場合、しっかり把握しておかないとボロが出て、「なんだよ、期待させといて、先生ほんとは知らないんじゃん。ウケようと思ってよ」なんて、かえって子どもの信頼を失ってしまうこともありますのでご用心。

本領発揮(?)の子どもたち

さて、先生方が「学級リバウンド」の危機から脱したころ向き合うのは、担任に慣れ、クラスに慣れて本領を発揮しだす、やんちゃな子どもたちです。

例えば、昨年度の申し送りで、前担任から「配慮が必要」と言われてマークしていたカズさん。4月中は、「おや、気をつけろなんて前担任は言ってたけど、カズさんは子どもらしいし、甘えてくるし、自分とは案外いけるかも」なんてすっかり安心していました。それが5月に入るや他の子とトラブル頻発、先生にも「うるせえ!」なんて言ってきたりするようになります。

5月の目標は「先生がキレないこと」

トオル先生「宿題はどうした?」
カズさん「おら、知らねえ」
トオル先生「ノートは?」
カズさん「わかんねえって言ってるだろ」
トオル先生「誰に向かって言ってるんだ!」
カズさん「人間!」

こんな会話が展開することがありますね。ここで毅然と叱るのもいいですが、どうぞ「キーッ!」っとキレるのだけは我慢してください。ほら、クラスの子たちがじーっと先生の対応を見ていますよ。内心「今年の先生はこういう感じか、こう来たか」「カズに口で負けて、動揺しているぞ」なんて、先生をリサーチしています。カズさんだけでなく、クラスのみんなが先生を評価しているのです!

さて、このような場面でみなさんはどのような対応をなさいますか? いくつかのプランを提案しますが、先生の持ち味によって実際はかなり違ってきますので、それぞれ自分流アレンジにチャレンジしてください。

ふわっとサポート 48　強く、短く叱る

長く説教しても、注意集中が苦手な子の場合、聴覚からの情報が保持できず、聞いていられないこともあります。ポイントを絞りましょう。

ふわっとサポート 49　意図的に「見過ごす」

先生に叱られることでかかわりを求め

てくるタイプの子には、時に見過ごすことが大切です。ただし、本人や他の子にとって危険な行為などは、決して見過ごしてはいけません。

ふわっとサポート 50 時にユーモアで切り返す

例えばこんなふうです。

ケンさん「うるせえ、くそババア」

ユウコ先生「よかった、くそジジイじゃなくて。私を女と認めてるってことよね」

ケンさん「えっ……むむ」

「先生は『もう許さない』ってよく言うけど、いつも結局カズのこと許してるじゃん」

こんな言葉に、ハッとしたことはありませんか？ 高学年にもなると、先生が子どもを見ているというよりは、先生が絶えずクラスの子から「見られて」いるのです。特に感情的になったとき、先生の人間性が試されます。

ふわっとサポート 51 岩のごとく、ゆずらない

最初はカッとして、強く指導するのに、だんだん子どもの理屈や激しさに押され、最後にはゆずってしまう先生がいます。「最初の勢いはどうしたの？」といった感じです。

叱ったことがその子に染み込むには、子どもとの信頼関係が十分築かれていなくてはなりません。もし、「もう一押し」という段階なら、強く叱るよりは断固ゆずらない姿勢で。

そして子どもに媚びないことです。

先生こそ約束を守ることが大切

では、子どもたちが、「この先生は信頼できる」と思えるのはどんなときでしょう。それはやはり、「先生は私たちとの約束を守ってくれる」という体験の積み重ねです。

特に発達障がいを持つ子は、「自分との約束」を先生が覚えていてくれるかどうかにとても敏感です。どうかそんな子どもたちに、「自分では教師との約束を破るくせに！」とおっしゃらないでください。彼らの多くは、約束を破りたくて破っているわけではないのです。

むしろ「君は私との約束を忘れちゃったかもしれないけど、私は覚えているよ。君のことが大事だからね」と言ってあげられる先生は、子どもから信頼されるに違いありません。

ふわっとサポート 52 守れない約束は絶対にしない

しかし、安易な約束は禁物です。例えば、いじめられている子が学校を休むようになり、家庭訪問した担任が「先生が絶対に守ってやるから学校に来い」と言うことがあります。でも、実際24時間傍にいてあげるわけにはいきません。登下校時、トイレで、教室を移動する場面で、校庭で、いついじめられるかわからないのです。

もし先生の目の届かないところでその子がまたいじめられたらどうでしょう。「やっぱり先生は信用できない！」と、その子は一生の傷を負うことになります。

先生が子どもたちの心を裏切れば、子どもたちは先生の思いを裏切るようになるのです。

「遠足」での支援

さて、5月に電車に乗ると「遠足」に向かう子どもたちを見かけます。「遠足」は学校生活の中でも特に楽しい思い出を残せるチャンスかもしれません。

ところが、予想できない状況や新しい場所に不安を感じる子、うれしすぎてハイテンションになってしまう子など、「遠足」で支援が必要な子はたくさんいますね。

そこで、西埼玉ＬＤ研究会で実践しているいくつかのアイデアをご紹介します。

12 サッとツール　写真入りタイムスケジュール

新しい経験が苦手な子どもたちのために、写真入りのタイムスケジュール表を用意します。これを子どもたちに見せて、「心のリハーサル」をさせるのです。

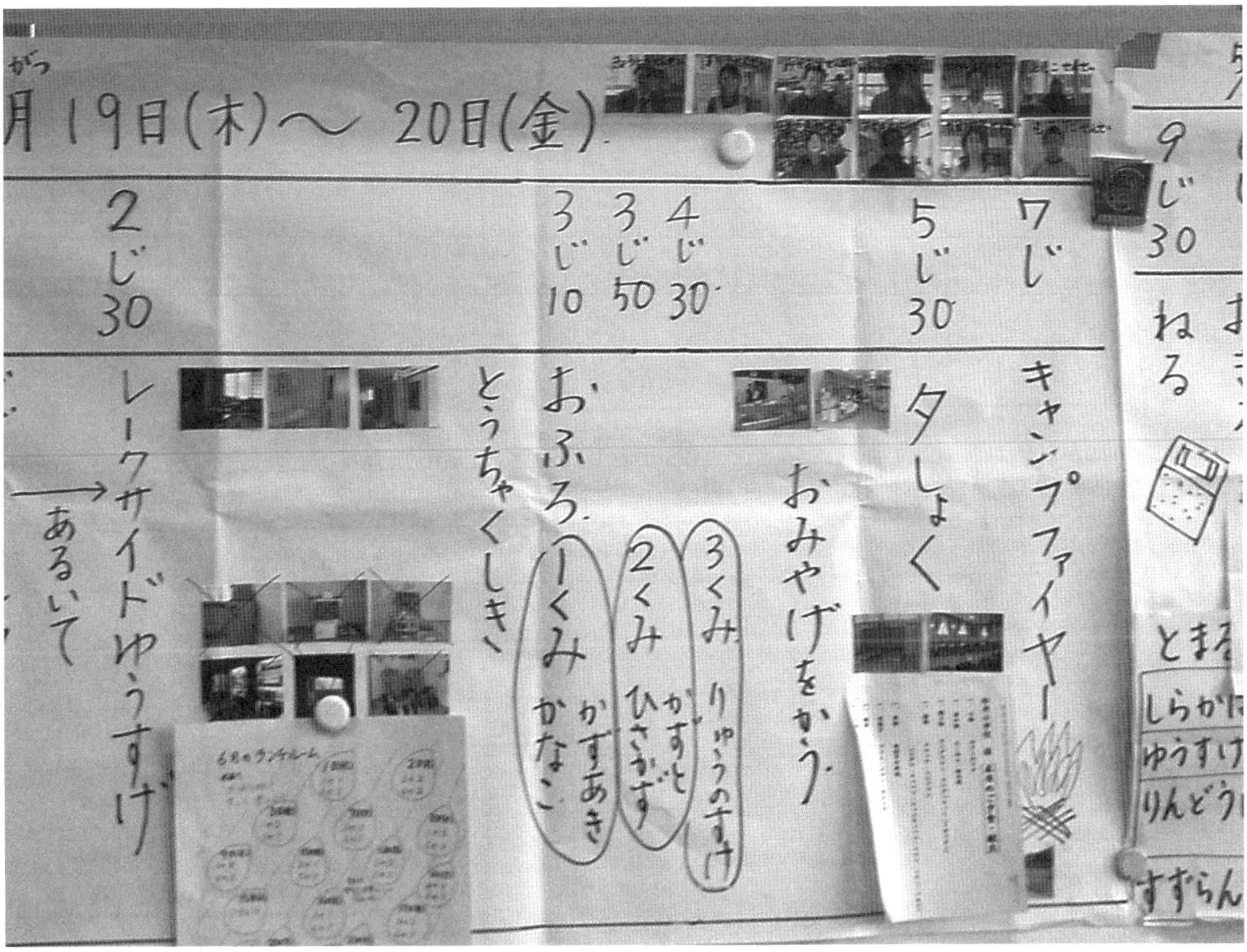

先生が下見に行ったときに、ポイントとなる建物や場所をデジカメで撮っておき、当日の流れを上の写真のように掲示します（上の写真は宿泊学習のものです）。引率する先生方の写真も添えておく（上の写真では一番上に並べてあります）とよいでしょう。

この写真では小さくてわかりづらいのですが、行った先が野外でもトイレがあることなどを写真で示しておくと、落ち着ける子がいます。予定を説明しながら、パワーポイントで見せてあげる方法もあります。

13 サッとツール 携帯スケジュール

絵や写真入りのミニスケジュールファイルをつくり、持たせます。すぐチェックできて、なくさないように、ストラップをつけて首からかけるようにするとよいでしょう。

行ったことのない場所などに大きな不安を感じてしまう発達障がいの子どもたちの不安をなるべく解消させてあげ、思い出に残る楽しいイベントとなるよう支援してあげたいですね。

14 サッとツール ビー玉

西埼玉ＬＤ研究会のメンバーは、いつも「子どもたちをほめたい」「認めたい」と思っています。しかし、行動の問題が激しい子や学習活動への参加が難しい子については、積極的、意図的に、時に貪欲に「ほめる努力」が必要な場合があります。

そこで、例えば「この子を必ず1日10回ほめよう」と誓ったとき、ズボンの右ポケットにビー玉を10個忍ばせておきます。そして子どもをほめることができたら、そのたびにビー玉を1個ずつ左のポケットに移していくのです。

「忍ばせておく」と書きましたが、実際にビー玉を10個入れると、ポケットもかなり膨らんで、ずっしり重いです。これは子どもを大切に思う、気持ちの重さなのです。

ただし、常にビー玉を持つ必要はありません。ほめる感覚がつかめてきたら、ビー玉からおはじきなど、徐々に小さな物へと変えていきます。しばらくトライしていると、ポケットに何も入っていなくても、自然にほめてあげることができるようになりますよ。

6月の特別支援

子どもたちとのコミュニケーション アイデアと感覚への配慮

6月はお天気もすっきりせずじめじめして、なんとなく気分が滅入ることがありますよね。

最近教室に行くのがなんとなくおっくうだ、つらい、なんてことはありませんか? 職員室にいる時間が長くなり、しかも同僚の顔よりパソコンの画面を見つめている時間のほうが多くなったあなた、危険信号ですよ。

さあ、パソコンをそっと閉じて、積極的に子どもたちや同僚とコミュニケーションを図ってみましょう。

特定の子に気持ちが向いていませんか?

さてこの時期は、様々な配慮が必要な子どもたちを含む、個性豊かなクラスの面々との2か月が瞬く間に過ぎて、やっとクラスが軌道に乗り始める頃です。

先生が特に気がかりな子、配慮を要する子と真剣に向き合っていればいるほど、ついその子たちばかりにかかわってしまいがちになります。

でも、他の子どもたちとのかかわりはどうでしょうか? クラスには必ず、控えめで手がかからないがゆえに存在感の薄くなってしまう子がいるものです。

けなげでまじめな子を大切に

この1週間を振り返り、クラスのメンバー一人ひとりとどうかかわったかを思い出してみてください。すると、どうしてもエピソードが思い出せない子が出てしまう場合があります。特に、個性豊かな子が多いクラスでは、先生を困らせることもしないし、勉強や運動がずば抜けてできるわけでもない、そんな目立たない子たちの影が薄れてしまうことがあります。

しかし、学級経営で大切なのは、そんな「けなげにまじめに静かに」してくれている子たちにも気を配ることではないでしょうか。担任が安心して特定の子にかかわれるのも、実はこういう子どもたちがクラスを支えてくれているからこそなのです。

日々の指導に追われてついついかまってあげられない子どもたちを認め、その存在に感謝することが、やわらかく、温かいクラスづくりにはとても重要なことなのです。

ふわっとサポート53 「今日必ず声をかける子」を決める

積極的にかかわりを求めてくる子に比べ、おとなしい子、手のかからない子とはどうしても接触が減ってしまいます。そういう子については意識してかかわれるよう、毎日、「今日は○○さん」と、目標の子を決めておくとよいでしょう。

ふわっとサポート54 連絡帳に「先生への一言」を

連絡帳に「先生へのメッセージ」、あるいは、小学校低学年なら、「先生あのね……」で始まるメッセージを、毎日必ず数行書かせるようにします。内容は、最近あったことや興味があることなど、何でもいいのです。

子どもたちは「日曜に家族でディズニーランドに行った」とか「昨日姉とケンカした」とかと書くでしょう。そのことを話題にすれば、おとなしい子にもより声をかけやすくなります。

また、これは、子どもたちを「書く」ことに慣れさせるという効果も期待できます。

学級通信をうまく使おう

クラスの子どもすべてを大切に、と言っても、授業や学活の中ですべての子をほめたり、認めたりすることは大変難しいものです。そこで、学級通信を使って子どもたちの頑張りや活躍を目に見える形でまとめ、ほめることがとても有効になります。

さらに、保護者に対しても、親からほめてあげてほしいことを学級通信に記載しておいてあげれば、発達障がいを持つ子の頑張りや活躍が、家庭に伝わりやすいのです。

ただし、学級通信作成にあたっては、むりせず「サッとつくれる」「ずーっと続ける」ことを第一に考えましょう。

ふわっとサポート55 学級通信のタイトルにひと工夫

タイトルを考える際には担任の遊び心が大切です。

また、小学校低学年用の通信は、ひらがなのタイトルにしましょう。子どもたちが興味を持ってくれるように配慮することがポイントです。

ふわっとサポート56 学級通信は継続する

ずっと続けられるよう、字は大きめ、文章量は少なめで、絵や写真を多くします（例えば、デジカメで撮った「子どもたちの様子」を毎回載せる、など）。

ふわっとサポート57 作文や絵など子どもの作品を掲載する

その際、最終的にはクラス全員を載せられるよう、表をつくって誰のことを紹介したかを必ずチェックしましょう。

チェック表には、氏名、掲載した日、作品の種類などを記録します。

15 サッとツール カット用イラスト（児童作）

小さな紙を常備しておき、授業中課題

が早く終わった子にはイラストを描いてもらい、あとで回収します。裏に必ず名前を書くよう指示しましょう。感想文などが苦手で学級通信に作品を掲載してあげる機会が少ない子には、このイラストを載せてあげます。もちろん「イラスト担当○○さん」と名前入りで。

　ちなみに、一生懸命つくった学級通信が教室に落ちているのを見てがっかりすることがあります。あるいは「この子の保護者にぜひ読んでほしいな」と思う、いちばん読んでもらいたかった保護者が読んでくれていない、ということも。でも、こればっかりは、ある意味であきらめが肝心かもしれません。

　とはいえ、保護者に関心を持ってもらうヒントを一つあげておきましょう。

ふわっとサポート 58　保護者からの温かいコメントを載せる

　保護者が連絡帳やアンケートに書いてくださったうれしいコメントを載せましょう（もちろんご本人のご了承を得てからです）。

　学級通信を通して保護者と交流を深めることはとても大切です。繰り返しになりますが、凝ったものをつくろうとすると、忙しさから継続が困難になってしまいます。苦痛にならない程度の手間をかけ、ぜひ継続させてください。

　西埼玉ＬＤ研究会の中に、こんな経験をした教員がいます。クラスのお母さん方が学級通信をとても楽しみに見てくれて、年度末に1年間の学級通信をまとめて製本してくださったのです。それは、先生にとって励みにもなる、とてもうれしい記念となりました。

「発達障がいを持つ子の感覚」に配慮

　さて、不快な梅雨の時期は、子どもたちにもつらい時期です。特に、発達障がいを持つ子どもたちは他の子より体温調節が苦手だったり、温度や湿度、気圧などに敏感だったりすることが多いのです。

　校舎は1階上がるごとに教室内の温度が高くなるようですから（もちろん空調完備の校舎は除きますが）、高学年が学ぶ3階や4階では温度への配慮が必要でしょう。

サッとツール 16　濡れタオル

「先生のタオルだけど、体調が悪そうだから特別貸すよ」「これは魔法のタオルなんだよ」などと言って、水で濡らして絞ったタオルを首に巻いてあげるとよいでしょう。アトピーの子にも効果があります。

サッとツール 17　扇風機

　体温調節の苦手な子のために、扇風機を確保して教室の隅などに置くとよいでしょう。

　ただ、皮膚感覚が過敏で扇風機の風を「痛い」と感じる子や、微かな回転音が気になる子もいるので、注意しましょう。

サッとツール 18　保冷剤

　発達障がいを持つ子への暑さ対策として、ケーキや生ものを購入した際についてくる保冷剤を活用するとさらに効果的です。同僚の教員に声をかけて協力してもらい、事前に集めて職員室の冷蔵庫で冷やしておくとよいでしょう。それをタオルにくるんで首などに当ててあげます。もちろん保健室でも大活躍する、お役立ちグッズです。

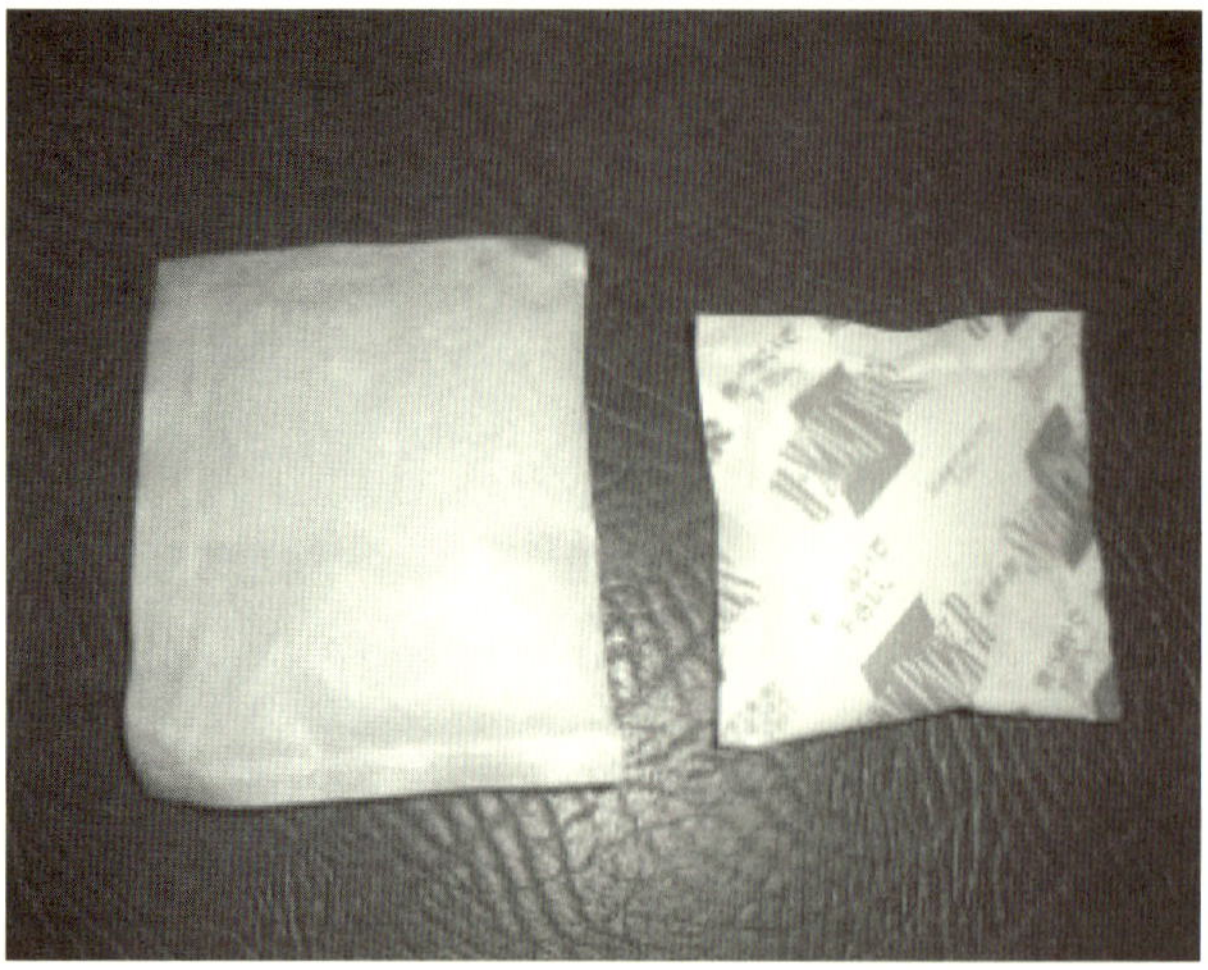

保冷剤

様々な感覚の苦手さを知る

発達障がいを持つ子は体温調節の難しさだけでなく、様々な感覚の苦手さを持っています。

(1) 音に対する苦手さ

私たちには聞こえないような音、あるいは気にならないような音がよく聞こえすぎて、耳障りや不快になってしまう子がいます。例えば、黒板消しクリーナーの機械音やチャイムの前の微妙なハウリングが嫌で、耳塞ぎなどをします。運動会のピストルの音や避難訓練のサイレンなどが怖くてパニックになる場合もあります。

また、私たちの多くは、今必要な音とそうでない音の刺激を無意識に選別して注意を向けていますが、どの音も均一に拾ってしまう子もいるのです。つまり、教師の指示と友達のおしゃべりと窓の外の車の音が、同時に同じボリュームで聞こえてしまうため、先生の指示だけを選択して耳を傾けることで、授業に集中することが困難な場合があります。

(2) 味覚に対する苦手さ

例えば白いご飯は食べられるのに、炊き込みご飯のように具材が入っていると異物感があって食べられない子がいます。

食べたことのないもの、においが強いもの、硬いあるいは軟らかいもの、ある種の舌ざわりなど、苦手さにもいろいろあるようです。また、味覚と直接関係はなくても、色や形にこだわりがあり、苦手な色のものが怖くて食べられないということもあります。

あるお母さんは、「子どもができたら毎日おいしいものをつくってあげたい」と、ずっと楽しみにしていました。しかし、お子さんは発達障がいを持ち、非常に偏食で、ポテトなどの特定の食べ物以外は拒絶することが多かったのです。

それでもお母さんは食材の大きさや形、味つけを工夫し、好き嫌いを減らそうと懸命に努力していたのですが、ある先生に「手抜きしてできあいのものしか食べさせないから偏食なんです」と言われ、大変傷ついたそうです。

給食時、発達障がいを持つ子に苦手なものをむりやり食べさせている場面を目にすることがありますが、それでは「給食の時間」や「食べること」自体が嫌いになってしまいかねません。配慮したいものです。

(3)　においに対する苦手さ

私たちがとりたてて不快に思わないようなにおいや我慢できるようなにおいを、とても敏感に感じ取り、めまいを起こしたりその場から逃げ出してしまったりする子もいます。最近は使われなくなってきましたが、プールの「腰洗い槽」の消毒液のにおいがいやで恐怖だった、という方がいました。

(4)　見ることの苦手さ

ただ文字や図形をとらえることの困難さだけでなく、例えば蛍光灯の光が非常にチラチラ見えてつらい、カメラのフラッシュでめまいがする、直射日光で視覚がおかしくなる、といった敏感さを持つ子もいます。白い光沢紙に黒い字で印刷したプリントなどは、光の反射のために文字が認識しづらくなる場合もあるようです。

(5)　皮膚感覚の苦手さ

驚かれるかもしれませんが、肌に当たるシャワーの刺激や、降る雨に当たることさえも痛く感じてつらがる子もいるのです。爪を切るとき、本当に痛みが走る人もいます。そういう子どもは、入浴や散髪、歯磨きや耳そうじなどが苦痛でいやがる場合があり、保護者も大変苦労させられることがあります。

我慢させるより配慮すること

私たちも、靴の中にほんの小さな石が入っただけで、気になって歩けなくなってしまうことって、ありますよね。服のタグが首筋に当たって痛いこともあります。また、女性の方で妊娠中シャワーを痛く感じたり、お米が炊けるにおいで吐き気がしたり、ちょっとした音にも敏感になったりした方がいらっしゃると思います。

そんなとき「我慢しろ」と言われても、きついのではないでしょうか？　あるいは嫌いな音、例えばチョークのキーッという音や発泡スチロールのキュッという音をずっと聞かされることは拷問に近い、と感じる方もいらっしゃるでしょう。睡眠不足のときや疲れたとき、不安が高まっているときには、より敏感になりやすいようです。

発達障がいを持つ子どもたちは、独特の過敏さに絶えずさらされていることがあります。できる範囲だけでも、配慮してあげたいものです。また、例えば「避難訓練のサイレンが苦手」（パニックになることがあるなど）というような配慮を要する情報は、きちんと学年で引き継いでいくことが大切です。

感覚過敏への支援

ふわっとサポート 59　「わがまま」ではない、という校内理解を

ある子は、隣のクラスから聞こえてきた黒板消しクリーナーの音に驚いて耳を塞いだところ、指導していた先生に「耳

なんか塞いで、私の話を聞かないつもりか！」と怒鳴られてしまいました。

　校内で「共通認識」を図る、ということはなかなか難しいものです。「わがままだ」「甘やかすな」といった意見も多く聞かれるでしょう。

　しかし、一人でも多くの先生に彼らの「つらさ」を知ってもらう、これがまず支援の第一歩です。

ふわっとサポート 60 むりに慣れさせようとしない

　経験不足や食わず嫌いなどと判断して、慣れれば平気になるだろうとむりやり食べさせたり、聞かせたり、触れさせたりしないでください。その子にとっては、とても「不快な思い出」となり、その子の人生を左右することがあります。

ふわっとサポート 61 苦手なものごとは予告する

　発達障がいを持つ子の多くは、突然のことに対処するのがとても苦手です。しかし、「3分後に苦手な音がする」ということがわかっていたなら「心の準備」ができ、混乱せずに行動できる子もいます。

　苦手なものを先生が把握しておいて、子どもにあらかじめ伝えてあげるとよいでしょう。

ふわっとサポート 62 熱血先生に配慮する

　情熱的な指導が必要な子がいることも事実ですが、突然「よお、元気か」などと後ろから肩を叩いたり、「はーっはっは！」と大声で笑ったり、必要以上にオーバーアクションだったりする先生を、発達障がいの子は苦手に思うことがあるようです。キャラクターをうまく使い分けてくださるとありがたいのですが……。

ふわっとサポート 63 別の手段に置き換える

　運動会のピストルなど、大きな音や爆発音が苦手な子の場合、合図の音を笛に替えるという方法もあります。

　ちなみに笛ですが、プラスチック製、金属製などの違いで音の「キーン」という響きが違うのです。細やかな先生はそこまで配慮しています。

ふわっとサポート 64 他のことに集中させてあげる

　「ヤスオ君、今日も不安定になるかな」と思って心配していたら意外と平気だった、なんて経験をされた先生もいらっしゃるのではないでしょうか。実は、得意な課題に集中できたので気がつかなかった、ということもあるのです。

　なるべく手持ち無沙汰な時間をつくらず、その子に合った課題を提供してあげることで、回避できることもあるでしょう。

7月の特別支援

プール指導、学期末の支援と夏休みにオススメの本

プールの日の支援

7月と言えば、プールの季節です。多くの子どもたちにとっては楽しみなプールですが、実は前節で触れた感覚過敏のある子にとって特につらいのは、水泳の授業なのです。

水が苦手な子、裸になることが不安な子、シャワーが苦手な子、プールの水がキラキラ反射するのが「怖い」子など、彼らは様々な苦手感にチャレンジしなくてはなりません。

また、プールでは、着替えや持ち物の管理などの配慮も必要です。

ふわっとサポート 65 着替えの仕方をカードなどで示す

ふわっとサポート 66 シャワーの代わりにホースやバケツの水をかけてあげる

サッとツール 19 「残念ですが！」カード

晴れでも、気温と水温の関係で「プールは中止」になることがあります。そんなとき、プールを楽しみにしていた子がどうしても納得しないことがあります。

そこで、普段から予定変更を伝えるときに「残念ですが！」カードを使うことで、予定は変更することがあること、いまがそのときであることを知らせ、気持ちの切り替えができるようにしておきます。プール中止のときなどにも、一目瞭然のカードが役立ちます。

サッとツール 20 「忘れないで！」カード

教室の出入り口に「水着忘れないで！」などと書いた紙をのれんのようにセットして、目に付くようにしておきます。

明日持ってくるのを忘れないという意味と、今日持って帰るのを忘れないの二つの意味があります。

学期末の支援

ふわっとサポート 67　夜逃げさせない（道具などの持ち帰り）

夏休み前の子どもたちは、とてもうれしそうです。しかし、計画的に道具を持ち帰らなかったために、終業式の下校時に、持ちきれないほどの荷物を抱えて、真っ赤な顔でよろよろ歩いている子の姿をときどき見かけます。まるで夜逃げのようです。気の毒なので、「夜逃げさせない」を合言葉にぜひ次のような工夫をしてあげてください。

ふわっとサポート 68　持ち帰り予定表を掲示して、計画的に支援する

学期の最後の1週間くらいになったら、写真のような「どうぐのもちかえりよてい」表を後ろ黒板に書いておいたり、学級通信に書いたりするといいでしょう。

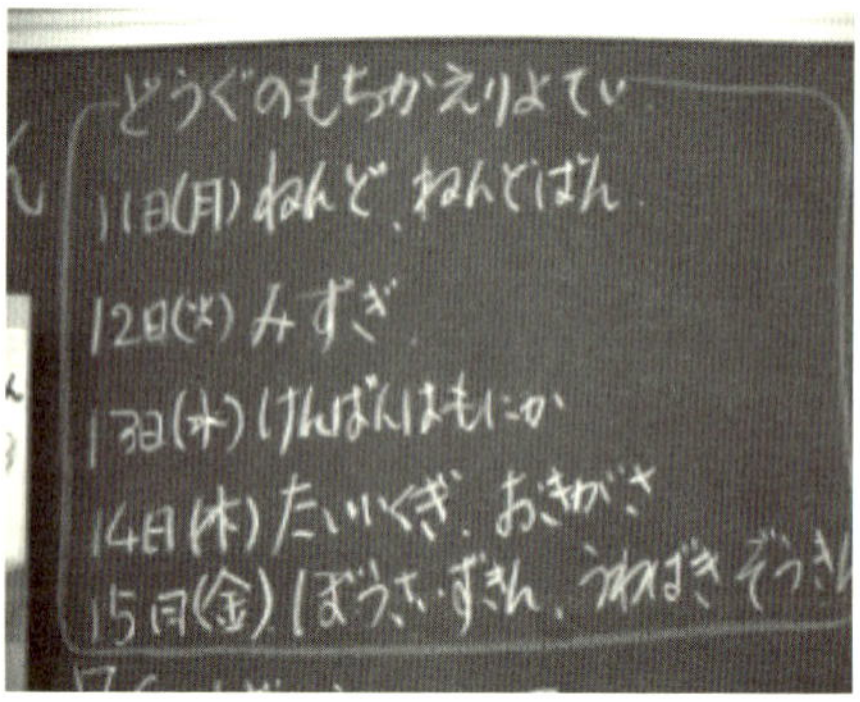

ふわっとサポート 69　下駄箱まできちんと見送る

下校時に声かけして見守り、なるべく学校に忘れていく物がないようにしてあげましょう。

21 サッとツール　ジッと見るだけファイル

1ページに1人分、学級の児童・生徒の顔写真を貼り、名前を書きます。これを市販のファイルに綴じます。それを見つめて、今日あったこと、子どもたちとのかかわりを思い浮かべます。

ただ見つめるだけです。一人ひとりの子どもと自分のかかわりを振り返ることが目的です。「6月」の節でお願いしたように、クラスのまじめで比較的目立たない子どもたちも含めて、クラス全員を大切にしているかを確認するためです。

夏休みのオススメ　その1
自分の「レジャースキル」を磨こう

いよいよ夏休み。毎日目が回るほど忙しい先生方も、少しは「ほっ」とできるときです。この時期に、いくつかチャレンジしてみませんか。2学期からまた子どもたちを元気に迎えるためにまず先生方がすべきこと、それはもちろん「心の充電」です。「先生であること」を少しだけ脇に置き、リフレッシュする時間を必ずとりたいものです。

先生という仕事は、昼夜・休日、帰宅後を問わず多忙で、オンとオフの切り替えがとても難しいですよね。自分を犠牲にし、３６５日仕事一筋という先生も大勢いらっしゃいます。しかし、胸の痛むことですが、そうやって擦り切れていってしまう先生の姿も、たびたび目にして

きました。

いきいきと持続して働くためにとても大切なこと、それは、自分なりの「趣味、楽しみ」を持っているということです。皆さんには、そんな楽しみがありますか？　思いつかない方は、この休みに探してみましょう。仕事がつらくても、「楽しみ」があれば頑張れるものです。専門用語では「レジャースキル」などといいますが、レジャースキルのレパートリーを広げることは、私たちみんなにとって必要なことなのです。

夏休みのオススメ　その2
こんな本はいかが

さて、夏休み、発達障がいについての本を読んでみようかな、と思われている先生方に、本を数点ご紹介します。

最近は、どの本にしようか迷ってしまうほど、特別支援教育の本がたくさんあります。そんな中で、あえて専門書ではなく、ご本人や保護者の方が書かれたものを紹介します。これらの本は、私たちに新しい視点や示唆を与えてくれるとともに、読みやすいという点でもオススメです。

(1)　ご本人が書いたもの

■『自閉っ子、深読みしなけりゃうまくいく』ニキリンコ＋仲本博子、花風社、１５００円（＋税）

ニキさんは翻訳家で、30代になってからアスペルガー症候群と診断された方です。特別支援教育について、専門家の一方的な視点ではなく、当事者の立場から考えてくれた本です。ニキさんの本は他にもたくさん出ていますが、どれも楽しく読めてオススメです。

■『ぼくのアスペルガー症候群――もっと知ってよぼくらのことを』ケネス・ホール、東京書籍、１３００円（＋税）

著者のケネス君は10歳で、アスペルガー症候群を持っています。彼の世界を味わうことで、発達障がいを持つ子の独特の感じ方や苦労がわかります。翻訳された専門書は横文字や専門用語が多くてなかなか読破できないものですが、この本はとてもわかりやすく書かれています。

(2)　保護者が書いたもの

■『発達障害をわかってほしい』島田博、ぶどう社、１７００円（＋税）

発達障がいのお子さんを持つお父さんが、勇気をふりしぼって書いた本です。学校現場で起こる様々なことに、深く考えさせられます。

(3)　児童文学から

■『9番教室のなぞ――幽霊（ゴースト）からのメッセージ』ジュリア・ジャーマン、松柏社、１６００円（＋税）

大人にも十分楽しめるミステリー小説です。主人公のフランキー君は学習障がい（読み書き障がい）を持っています。彼の学校生活の描写はとてもリアリティがあります。魅力的な主人公の活躍に、わくわくしながら勉強にもなる、素晴らしい読み物です。

(4)　おまけ・よかったら……（笑）

■『発達障がいを持つ子の「いいところ」応援計画』阿部利彦、ぶどう社、１７００円（＋税）

8月の特別支援

先生も充電を——夏休みのオススメ

オススメの映画、子どもにハガキを出そう、工作のすすめ

夏休みのオススメ　その3
こんな映画はいかが

楽しみながらも発達障がいについていろいろと考えさせられる映画もたくさんありますよ。

(1)　アクションなら

●「マーキュリー・ライジング」１９９８年、アメリカ
監督／ハロルド・ベッカー

アメリカが巨額の予算を投じて開発した暗号プログラム、マーキュリーを解読してしまったために命を狙われるサイモン。暗殺者から彼を守ろうと戦うＦＢＩ捜査官の活躍を描きます。

主役のアート捜査官に扮するのは「ダイハード・シリーズ」のブルース・ウィリスです。自閉症を持つ少年サイモン役のマイコ・ヒューズの演技は必見です。

また、自閉症の知識がなかったために、とまどいつつも少しずつサイモンを理解していくアート捜査官の変化にも注目してみてください。

(2)　スーパースターの映画なら

●「レインマン」１９８８年、アメリカ
監督／バリー・レビンソン

この映画は有名なので皆さんご存じかもしれませんね。ダスティン・ホフマン演じる自閉症を持つ兄と、弟（トム・クルーズ）のロードムービーです。驚異的な記憶力で話題になったキム・ピーク氏が、兄のモデルだそうです。アカデミー賞とゴールデングローブ賞で作品賞を獲得しています。

●「ギルバート・グレイプ」１９９３年、アメリカ
監督／ラッセ・ハルストレム

ピータ・ヘッジスの同名小説の映画化で、主役のギルバートに「パイレーツ・オブ・カリビアン」のジョニー・デップ、知的障害と自閉症を併せ持つ弟に「タイタニック」のレオナルド・ディカプリオ。これはギルバートとそのちょっと不思議な家族の物語です。デビュー当時のディカプリオは、演技とは思えないほどの表現力で、アカデミー賞にノミネートされました。

(3) 邦画なら

●「静かな生活」　1995年、日本

監督／伊丹十三

大江健三郎の同名小説を義兄の伊丹が映画化しています。最近は二枚目役の多い渡部篤郎が、知的障害を持つイーヨー役で、素晴らしい演技を見せてくれています。渡部はこの役で日本アカデミー賞新人俳優賞を獲得しました。イーヨーのモデルは大江光で、この映画の音楽を作曲しています。

自閉症を扱った映画のご紹介が多くなってしまいましたが、学習障害を持つ女性をキャメロン・ディアスが演じている「インハーシューズ」や、ADHDの青年の物語「サムサッカー」など、他にも素晴らしい作品がありますので、レンタルビデオ屋さんに行ったら、皆さんも探してみてください。

夏休みのオススメ　その4
ハガキを出そう

さて、次なるオススメは、気になるあの子に暑中見舞いを出そう、というものです。クラス全員に出される先生はいらっしゃると思いますが、特に問題行動が気になる子や不登校傾向の子、先生にかまってもらいたい「いたずらっ子」には、1回ではなく、何通かハガキを出す、という方法がオススメです。

22 サッとツール　日本郵便の今年版「かもめ～る(夏用のおたよりハガキ)」

教師も人の子、「夏休み中にあの子に5枚手紙を出すぞ」と決めても、忙しくてくじけてしまうこともあります。

そこで、今夏しか使えないハガキを買って、出す枚数分、先に宛て名だけ書いてしまいます。出さないと「もったいない」（発想がセコイかもしれませんが）ので、頑張って出そうとします。もちろん学級通信と同じで、長々書かなくてもいいんですよ。

でも、そうやって、たとえ家族旅行の旅先からも「あの子」のために手紙を送ったとしても、おそらく返事はもらえないでしょう。ひょっとしたら、2学期になっても何も言ってくれないかもしれません。しかし、気を落とさないでください。手紙の効能は少しずつ表れます。先生の子どもを思う気持ちは、必ず、じわじわとその子や保護者のほうに効いていくのです。

ふわっとサポート 70　家庭訪問ではメッセージを残す

気になる子や不登校ぎみの子のために夏休みにちょっと家庭訪問に行く、という支援をされている先生がいらっしゃいます。ところが何度行っても不在、あるいは家にいる気配はあるのだけれど……、ということはありませんか？　そんなときは、付箋でも名刺でもメモでもいいから、必ず訪問した足跡を残しましょう。

実際に、このようなアプローチがきっかけで、長期不登校のお子さんが学校復帰することになったケースがあります。皆さんもお試しいただければと思います。

夏休みのオススメ　その5
支援グッズづくり

少しリフレッシュできたなら、ちょっ

と2学期の準備でもしてみませんか？

もし夏期に県や市町村主催の特別支援教育の研修会などに参加され、「よし、あの子のために何か工夫するぞ！」と支援の火がついた先生がいらっしゃったら、発達障がいを持つ子のために、教材や支援グッズをつくってみましょう。例えば……。

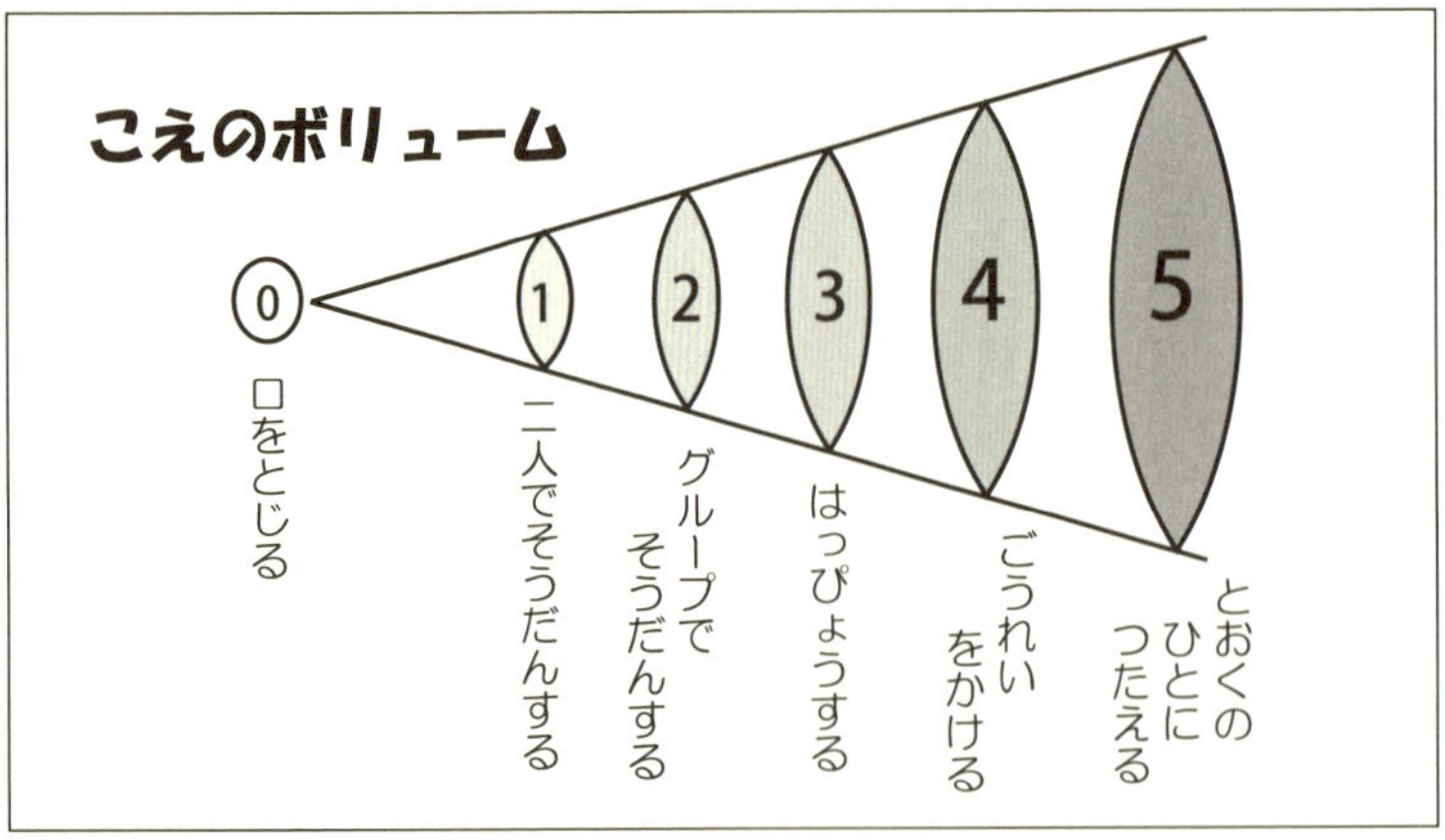

23 サッとツール　声のボリューム

子どもの中には「元気な声で」と指示すると怒鳴るように声を張り上げる子や、「小さい声で」と言うと誰にも聞こえないような声を出す子がいます。

ちょうどいい声の大きさを感覚的につかませるために、上段のような図を教室に貼っておき目的や場に応じた声のボリュームを意識させます。

気持ちのバロメーター

机の端に貼っておき、
自分で気持ちをモニタリングします

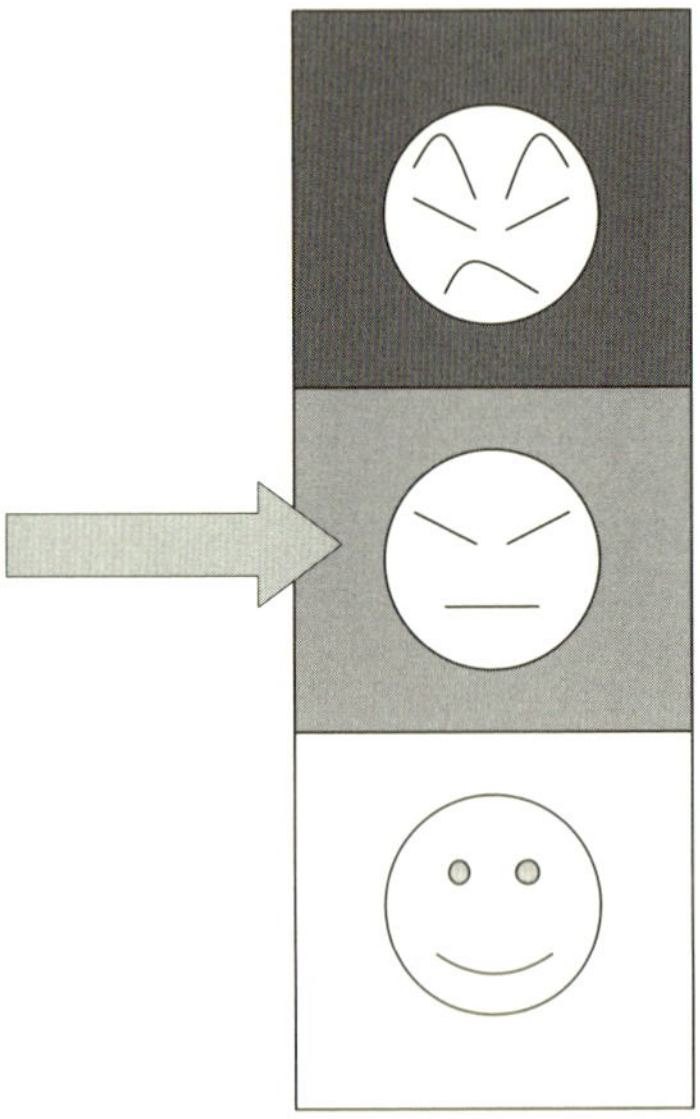

24 サッとツール　気持ちのバロメーター

「声のボリューム」に似ていますが、こちらは感情のレベルを図表にしたものです。衝動的で怒りっぽい子の中には、自分の気持ちを意識して振り返る力が身についていない子がいます。そこで、このような図表で、今の気持ちを視覚的に確認させることによって「気づき」を支援します。

そのレベル（目盛り）ですが、3段階（上の右側の図）か5段階（上の左側の写真）に色分けしたり段階をつけたりするとよいでしょう。例えばレベル5は「すごく怒っている」で、色は「赤」とか。また、目盛りの表記はその子の状態に合ったものを考える必要があります。全体の形も、横型にするか縦型にするかも、子どもの好みによって工夫してみましょう。

25 サッとツール 「我慢」カード

例えば、自分の失敗が許せなくて怒りだしてしまうような子のために「我慢」カードをつくります。それを見て、自分の気持ちを整理するのです。

26 サッとツール 「とつぜんですが…」カード

突然の予定変更などの際、提示するためのカードです。子どもたちがこれに慣れておくと、気持ちの切り替えをよりスムーズにできるようになります。

27 サッとツール しずカニ（静かに！）

クラスがワサワサしているときにそっと出します。これは小学校低学年向きですが、子どもたちに意外と評判がよく、効果的でした。ただし、先生と子どもたちの良好な関係が前提であることは言うまでもありません。

「我慢」カード

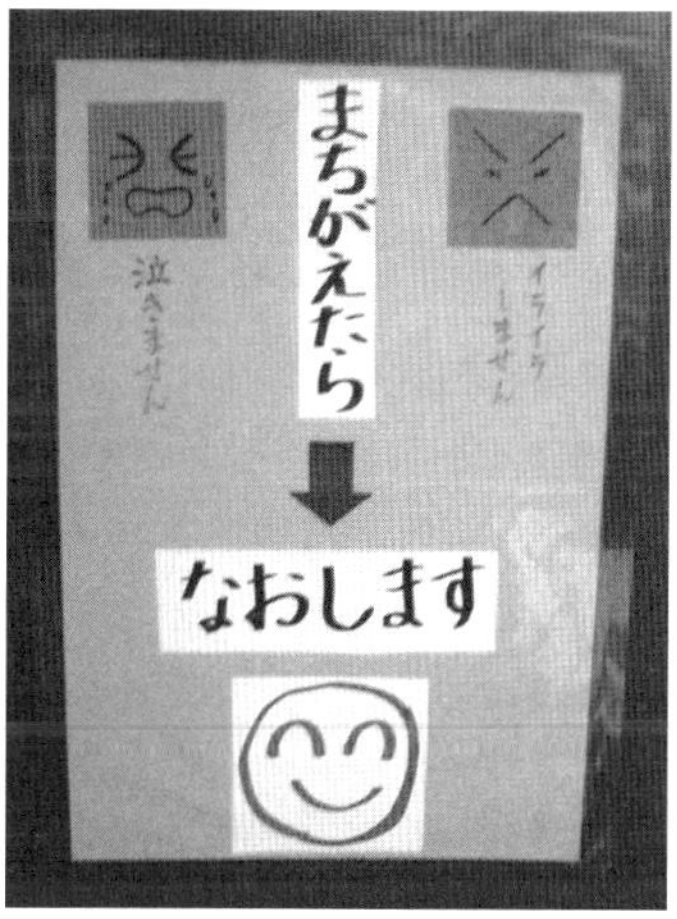

「とつぜんですが…」カード

しずカニ

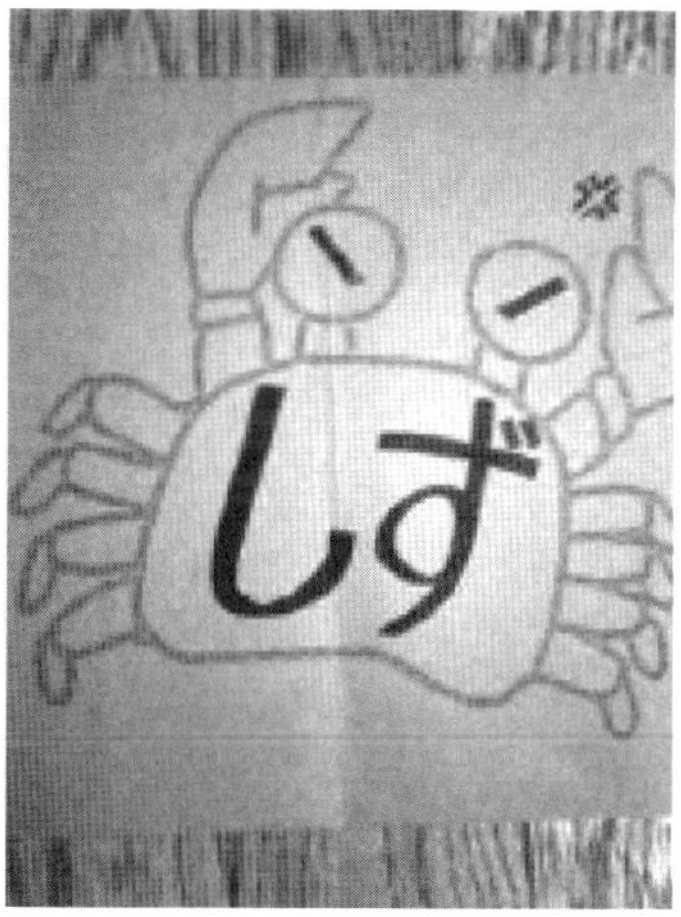

ふわっとサポート 71 わがクラスならではのオリジナルカードや掲示を工夫してみる

実際に使うかどうかは別として、このような支援グッズをつくろうとすることは、その子（たち）をさらに味わうよいチャンスとなります。

どんな形や絵ならわかりやすいか、またどんな声かけをすればよく伝わるか、どう継続させていくかなど、その子やクラスに合わせた工夫をすることが大切なのです。

その子はどんな子なのか、興味を引くためには何を取り入れればいいのかなど、あれこれ考えてみることで、その子の様々な面が見えてきて、新しい気づきがあったり、理解が深まったりします。これらのグッズは、先生のお手製だからこそ意味があるのです。

9月の特別支援

休み明け、教室での配慮

2学期ですね。「8月」の節の「夏休みのオススメ　4　支援グッズづくり」でつくった先生手づくりの支援グッズの出番がきました。

グッズたちに活躍してもらう際には、次のようなことにぜひ気をつけてほしいと思います。

従わせることを目的にしない

カードをはじめとする視覚的手がかりは、先生の指示に従わせるため、というよりは、子ども自身が行動するときのお手本であり、また自分で行動を調整するための支援ツールです。

そして、いずれはこれらのツールがなくなっても行動できるようになる、というのが理想です。ルールや注意で縛るのではなく、成功できる活動やほめてもらえる機会を増やしてあげることが目的なのです。

支援の的を絞り、スモールステップで

発達障がいを持つ子の支援をするとき、あれもこれも、とたくさんの要求をしてしまうことがあります。しかし、それでは、忙しい先生方ですから、指導しきれないことも出てきます。ぜひ、優先順位をつけ、的を絞って（変えてほしい行動を「標的行動」などと言います）、本人、保護者とスモールステップで取り組みましょう。

本人が拒否する、あるいはクラスメートから浮いてしまう場合

カードやシールを使うと、その子の「いいところ」を発揮できる場面は増えます。しかし、本人が「かっこ悪い」と感じたり、いやがったり、周りの子から浮いてしまったりする可能性がある場合は、すみやかに他の支援法を検討してほしいと思います。

夏休み明けの配慮

さて、夏休みも終わり、大好きな子どもたちとまた顔を合わせると、先生方もわくわくされると思います。楽しい気分で子どもたちに接し、夏休みの思い出などを聞く機会をよくつくりますよね。

ところが、生徒指導上気になる子などの中には、夏休み中に家族旅行もイベントもなく、楽しい夏の思い出が何もなくて、寂しかった子やつまらなかった子もいるのです。新学期、学級での活動の中では、そこを配慮していただければと思います。

夏休みのことは、先生が班で給食を食べるときの個別の話題にする程度に抑え、クラスレクなどで学級を盛り上げる方法をとるのも一つです。

ちなみに、私たちの経験では、本格的にクラスの雰囲気がワサワサするのも9月、10月くらいです。これは、運動会の練習で予定の変更が続いたり、担任と子どもたちがゆったり落ち着いてかかわる時間が減ったり、暑くて先生もなんだかカリカリしてしまったり、などが重なることも要因でしょう。

さあ、こんなときこそ、積極的にクラスの子どもたちをほめましょう。例えば、こんなふうに。

「先生も暑くてくたくただけど、みんな運動会の練習、よくやったね。君たちは先生の自慢だよ」

運動会に向けて

運動会シーズンは発達障がいを持つ子にとって、いろいろな負荷がかかります。予定の変更、大きな声での指導（音刺激）、組み体操などの身体接触（感覚刺激）など、苦手なことの連続です。そこで、彼らがクラスメートと気持ちよく協力し合い、意欲的に参加できるような支援を工夫しましょう。

ふわっとサポート 72 運動会の練習の流れを教室で確認しておく

組み体操など、複雑な動きを必要とするものは、その場の言葉による指示だけに頼らず、事前に順番や注意事項を書いたプリントを配り、各クラスでよく確認しておきましょう。

ふわっとサポート 73 立ち位置やポイントに視覚的手がかりを置く

広い運動場には、口頭での指示だけだと混乱する子どもたちがたくさんいます。視覚的手がかりが助けになります。

28 サッとツール カラーコーン（ミニコーン）・カラーリング（小さいフラフープのようなもの）

運動場のポイントに、これらのものを置いてわかりやすい目印にします。これらは小さいので、片付けもスピーディーにできます。

29 サッとツール カラーフィールドパウダー

運動場にトラックを引く際などに使用すれば色分けできるので、白線だけで示す場合よりも、動き方を視覚的に援助することができます。

30 サッとツール カラー軍手

小学校低学年ではまだ左右が覚えられない子がいます。そのため、カラー軍手を使い、左右弁別を援助します。

例えば右手は赤、左手は黄色のように、左右色違いにはめて先生がお手本を示してあげると、踊りなどがより覚えやすくなります。

サッとツール 31　バンダナ

高学年では、例えばソーラン節などのとき、片手にだけバンダナを巻くという方法もあります。このバンダナを巻くのは、なかなか自分ではできませんから、お互いに助け合う雰囲気に持っていくといいでしょう。

ふわっとサポート 74　指導者の役割分担を明確に

中学校では体育主任の先生を中心に指導がなされますが、小学校などでは、練習中、あちこちで複数の先生の大声による指導が展開されることがあります。これは聴覚過敏の子にとっては大変苦痛で、どの指示を聞いたらよいのか、混乱してしまいます。

指導する場合は、なるべく近くに寄って声をかけるようにしましょう。また、複数で指導するときは範囲を決め、先生の立ち位置を定めて分担を明確にしておきましょう。

ふわっとサポート 75　予告した練習回数などは守る

「今日は通しで2回練習する」と最初に指示していたにもかかわらず、何度も延長するというのでは、子どもたち全体の士気まで低下します。ぜひ計画的に、見通しを持った指示を心がけましょう。

ふわっとサポート 76　マイクで特定の子を何度も叱らない

教室での授業中には、運動場で他学年が練習している様子がよく聞こえてきます。すると「ノハラ！」「こらっ、ノハラ！」などと特定の子がいつも、朝礼台からマイクでどなられ叱られているようなことがあります。

「今日もノハラ君叱られてるなあ、全校に聞こえてしまってかわいそうに」なんて思っていたら、後日、近隣にお住まいの方から「先生、おたくの学校のノハラ君、気の毒じゃなあ」と声をかけられました。学校のご近所にもしっかり聞こえているわけです。子どものプライドを傷つけず、いかに前向きに指導するか、をいつも考えたいものです。

サッとツール 32　ウチワ

夏休みの間に、お祭りなどのイベントでいろいろなウチワをもらう機会があったのではないでしょうか？　まだ暑いのでウチワも活躍中かと思いますが、「8月」の節の「突然ですが…」カード等のように、ウチワを活用してみましょう。例えば、「口を閉じて」とか「こちらに注目」など、いろいろな文字を書き、活用します。単なるカードよりも手に持ちやすく、シャキーンと提示しやすいのでオススメです。

10月の特別支援
集団活動への参加

「9月」の節で運動会での支援をご紹介しましたが、この時期はほかにもいろいろな行事が続き、子どもたちが集団で行動する場面が増えますね。発達障がいを持つ子の中には、大きな集団の中での活動が苦手な子がいます。今回は、彼らが集団活動に楽しく参加できるようなサポートについて考えてみたいと思います。

「どのように行動したらよいか」を示す

発達に課題のある子の多くは、学校生活で私たちが当たり前にできるはずと思っていることをするのが困難です。そして、「よいお手本となりそうな子」を選んでその子の行動をまねることや、「場の空気」を読んで適切な行動をとることも苦手なのです。

そんな彼らは、周囲から「集団活動への参加が好きではない」と思われがちですが、そのような思い込みで子どもを見ることは避けたいものです。みんなと一緒に行動したくないのではなく、どう行動すればよいのかわからない子が多いのです。さらには、うまく行動できないことをクラスメートから非難されてしまい、活動への意欲が失われてしまうこともあります。

そのような場面で「もっとしっかりしなさい」「きちんとやりなさい」と先生が指導したとしても、その子を適切な行動に導くのは難しいでしょう。「どう行動したらよいか」を具体的に指示してあげたり、視覚的に何度も確認できる手がかりを黒板などに示してあげたりするほうが効果的です。

新しい活動は事前に予告を

彼らはまた、新しい場面や経験したことのない活動に対しては見通しが持ちにくく、拒否的になることが多いようです。そこで、例えば次のように、事前に声をかけ、気持ちの準備をサポートしてあげます。

先生「いよいよ音楽会も近づいてきたね。先生、ちょっとアイデアがあるんだけど、ヒロノブ君、力を貸してくれないかなあ」

ヒロノブ君「めんどくせえなあ」
先生「そんなこと言わないでよ、頼りにしてるんだからさ」
ヒロノブ君「いいよ、まあ仕方ねえや」

ふわっとサポート 77 イベントの前には具体的に活動内容を知らせる

まず、イラストなどを添えてかなり具体的に活動内容を説明します。さらに、その活動で、先生はその子にどのような役割を期待しているか、そしてその子が参加してくれるのをいかに楽しみにしているか、を伝えていきます。

そのようなていねいなかかわりによって、「ぼくにもできそうだ」「先生が私を必要としてくれている」という感覚が芽生え、発達障がいを持つ子の集団参加意欲を高めることができるのです。

「失敗してもだいじょうぶ」というクラスづくり

学級の雰囲気というのは、担任の先生を自然とモデルにしてつくられることは言うまでもありません。「この班はいつも遅いわね」「またできなかったのか」といった先生の声かけが多いクラスでは、うまくできないこと、失敗することは「よくないこと」だという感覚が強くなってしまいます。

そうなると、子どもたちがお互いの失敗を責め合う雰囲気が生まれかねません。先生ができる限り児童・生徒のポジティブな面に注目し、声かけしていくことにより、子ども同士がお互いに許し合い、認め合うクラスが育まれるのです。

例えば、単に活動の結果を「早くできた」「上手にまとまった」といった点だけで評価するのではなく、「この班はニコニコ協力できてたね」とか「よく話し合って上手に助け合えていたよ」というような声かけを工夫してみましょう。

学級経営の方向性によって寛容なクラスの雰囲気ができあがると、発達障がいを持つ子だけでなく、「どうせオレにはできない」と最初から諦めてしまう子や「みんなみたいに早く上手にできない、どうしよう」と動揺してしまう子も、集団活動に参加しやすくなるのです。

ふわっとサポート 78 個別にリハーサルを

発達障がいを持つ子の中には、新しいことを覚えるのに時間がかかる一方、一度パターンで覚えてしまうと、誰よりも上手にこなせる子がいます。彼らが行事などで輝けるように、少し多めにリハーサルをしてあげましょう。

音楽会に向けての支援

音楽の授業に参加することが難しい子の話をよく聞きます。その理由は様々ですが、主な要因として、次の2点があげられます。

①音刺激に敏感である
②目と手の協応動作が苦手である

①については、「6月」の節でも「感覚の過敏な子」についてお話ししたので、ご理解いただけるかと思います。

特に、リコーダーなど楽器の練習をする場面では、あちこちで「ピー」「ピュー」などと音が反響するため、その刺激がとてもつらくて、音から逃れるためにピアノの下に隠れようとした子もいました。

②については、目で楽譜をとらえながら、同時に手先を動かす、といった作業、しかも鍵盤ハーモニカやリコーダーではさらに口も同時に使わなければならないという点で、苦手意識が強くなり、音楽の授業を回避してしまう子がいるのです。

そこで、彼らが音楽会に参加しやすくなるためのアイデアをまとめてみました。

ふわっとサポート79 選曲を工夫してみる

多少難しい曲にチャレンジすることで集団がまとまる場合もあるので、難しめの曲もクラスにとっては大変意味があるでしょう。

しかし、子どもたちの状態によっては、みんなが演奏を楽しめるような選曲も大切です。例えば、リコーダーの子は「シ」の音だけを吹けばよくて、あとはピアノや一部の楽器で盛り上げると、ステキにまとまる曲もあります（参考：北村俊彦『リコーダー笛星人』トヤマ〔アウロス〕出版など）。

ふわっとサポート80 演奏する楽器を工夫する

エネルギッシュな子の中には、「かっこいい」「目立つ」「簡単そう」などの理由から、打楽器、特に大太鼓などを演奏したがる子がいます。

しかし、発達障がいを持つ子に全体のリズムを引っ張る楽器を担当させることは、なるべく避けるほうが無難です。同じ打楽器でも、例えばタンバリンなどは他の音にまぎれてミスも目立ちにくいので、大太鼓と一緒に前にして担当させてあげると、スポットライトもよく当たるのでよいでしょう。大太鼓のそばに立たせてあげることで、大太鼓のバチを見ながらタイミングを合わせられるという利点もあります。

ふわっとサポート81 リコーダーなどが難しい場合は、吹くまねでいいので参加させる

不登校ぎみで練習ができなかった子や、先ほど説明したように目と手の協応動作に課題がある子については、行事に参加させてあげるために、「難しいところは吹いているふりをしていればいいからね。他の子も緊張してるからわからないよ、だいじょうぶ」と、こっそりサポートしてあげる手もあります。

ふわっとサポート82 音合わせの時間ははずしてあげる

また、音刺激に敏感な子は、音の洪水のように聞こえる全体の音合わせの場面

ではとてもつらいので、入場のタイミングを遅らせてあげるなどの支援も必要です。

ふわっとサポート 83

落ち着いて聞ける場所を提供する

体育館では音の反響具合が位置によって変わるので、子どもによっては演奏を落ち着いて聞いていられる好みの場所というものがあるようです。子ども本人に聞いてみて、もし希望があればそこに座らせてあげるとよいでしょう。

ふわっとサポート 84

体のどこかに触れて安心させる

音刺激がつらくても、先生がリズムに合わせて体に触れてくれれば、なんとなく安心できる子もいます。

このような先生の温かい配慮を支えに、みんなと取り組めて、「楽しかった」「私にもできた」という経験を積み重ねさせてあげることが、その子の社会性を育てることにもつながるのです。

子どもたちの中には、練習にほとんど参加しない、あるいは先生の話をまったく聞いていない……ようでいて、本番になるととても上手にこなしてしまう子もいます。「努力もしないで」とか「あきれた」ととらえる見方もあるでしょうが、これを「実力を発揮できた」ととらえ、「どうしたら普段もこの子の力を引き出してあげられるか」といった視点で見ることも大切でしょう。

そうそう、行事が続くと、すべてが終わったあと、緊張感から解放され、ホッとすると同時に、先生も子どもたちも「燃え尽き症候群」に襲われる場合があります。

行事のあとにクラスがワサワサしてくることがありますので、みんなで大縄跳びにチャレンジする、クラスドッジボール大会を行う、といったお楽しみを少し入れるなどして、適度な連帯感をキープできると乗り越えられるでしょう。

33 サッとツール

ラミネーター

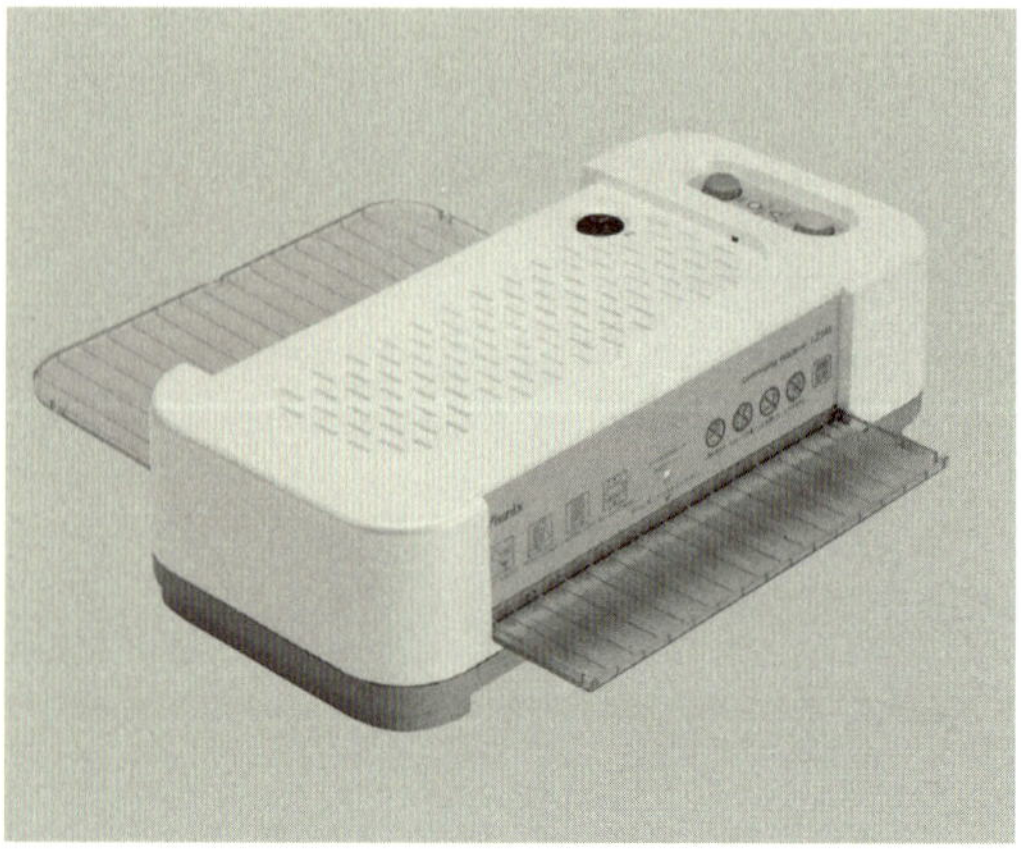

4ローラーラミネーターA4L2340（アスカ）

支援カードを作成するときは、ラミネートしておくとよいでしょう。ラミネーターは心強いツールの一つです。

支援カードも、何度も使っている間に擦り切れることもありますし、乱暴に扱われることも予測されます。時には子どもがイライラしてカードを破こうとすることもあるでしょう。

破かれるのを防ぐ、というよりは、あとで子どもに「またカッとして破いてしまった」という気持ちを味わわせない、そのためにも必要です。

その他、「かけ算九九表」、楽譜、写真のような学習支援教材を作成する際にもラミネーターは非常に有用です。

11月の特別支援

公開授業における支援

11月は各地で学校公開や土曜参観などが開催されることが多いようですが、皆さんの地域ではいかがでしょうか。

今回は公開授業における支援について考えていきましょう。

子どもに恥をかかせない

すでに何度かお伝えしていますが、私たちが子どもたちの支援でいつも大切にしていることは、「子どものプライドを傷つけない」「子どもに恥をかかせない」ということです。例えば、次のような配慮を忘れずにいたいものです。

ふわっとサポート85 掲示物は全員そろえて貼りだす

書字の苦手な子、絵を描くのが嫌いな子などの場合、授業時間内に仕上げられなかったり、拒否して取り組まなかったりということがあります。

しかし、特定の子の作品だけが貼られていない、ということにはしたくないものです。子ども本人や保護者に先生の気持ちを伝えて、せめて公開授業の際には作品がそろって掲示できるようにしましょう。

ふわっとサポート86 掲示物はきれいに貼る

掲示物の画鋲が取れかかっていたり、まっすぐ貼れていなかったり、破れていたり……。多くの教室で案外よくこんな掲示を見かけます。いつものことで先生は気にならなくても、保護者は敏感に気づき、気にするものです。

また、たとえ拙い作品でも、子どもたちが一生懸命取り組んだ作品なのですから、ていねいに展示してあげましょう。もちろん、作品全部に名前シートをつけましょう。

ふわっとサポート87 気になる掲示物には配慮を

お忙しいでしょうが、この際、掲示物をよく見てください。特定の作品に誰かが爪で「バカ」「ウザイ」なんて書いている場合があります。正面からだけでなく、角度を変えて見てみると光の反射で見えてきますよ。

また、作品によっては「死」「暴力」

「ウンチ」などを扱ったものもありますね。他の保護者が見て不快に思いそうなものは、なるべく書き直してもらいましょう。本当は、作品に取り組んでいる授業中に、適切に支援できるのがいちばんいいのですが……。

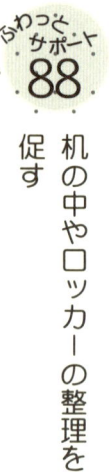

ふわっとサポート 88　机の中やロッカーの整理を促す

整理整頓が苦手な子は、机の中やロッカーがごちゃごちゃだったりしますので、「もうすぐお客様がいらっしゃいますから、みんなで片づけましょう」などと声かけして、教室をきれいにする時間をつくりましょう。そうじというと帰り際が多いのですが、子どもたちは帰りたくてそわそわしてしまい、集中できない場合がありますので、できれば午前中に時間設定したいものです。

34 サッとツール　ビニール袋

発達障がいを持つ子は好奇心旺盛で、虫や石、時にクリップやネジなどいろいろなものに興味を持ち、たくさん拾ってきます。そして机の中や周辺に広げていることもよくあります。

ただ、彼らにとっては宝物でも、大人から見るとゴミのようなものが多く、また片付けが苦手な子も多いので、よく注意されてしまいます。

そんなとき、ビニール袋を渡してあげましょう。むりに取り上げたり捨てたりせず、「大事なものなんでしょう。この袋に入れておいて、家へ持って帰ったら」なんて言ってあげたら、先生への信頼は急上昇ですよ。

ふわっとサポート 89　意図的に見せ場をつくる

最近は学校公開週間、終日授業参観など、長時間公開しているケースが多いようです。できれば発達障がいを持つ子の得意教科の場面などで、見せ場をつくってあげましょう。それには、もちろんリハーサルも必要です。手間がかかるかもしれませんが、自信につながることは間違いありません。

ありのままをお見せして保護者に現状を知ってもらうべき、という意見も確かにそのとおりです。でも、他の保護者が見たとき、「担任はああいうのを許しているのか」「先生の指導に問題があるのでは」という声も出やすいのが現実です。柔軟に考えねばなりませんね。

気になる子の保護者への働きかけ

発達障がいを持つ子の保護者の中には、これまでの経験から、「また先生に何か言われたり責められたりするのでは」と恐れている方もいらっしゃいます。あるいは、他の保護者と顔を合わせるのがつらかったりで、学校に足を運ぶのを躊躇する方もいらっしゃいます。

しかし、子どもにとっては自分の保護者だけ来ていないというのは、とても寂しいものです。そこで、こんな支援が役立ちます。

ふわっとサポート90 連絡帳で事前にお誘いする

この際に有効なのは、「ふわっとサポート89」の「意図的に見せ場をつくる」です。

「トキオ君は算数が得意で、お母さんにかっこいいところを見せたいとはりきっています。お母さん、ぜひ3時間目だけでも見てあげてくださいませんか」

「恥ずかしい思いをさせない」ことは、保護者に対してもとても大切な配慮なのです。

ふわっとサポート91 電話で直接誘う

連絡帳だけではどうも来ていただけないような手ごたえを感じたら、おうちに電話をしてお誘いします。

そこでよい返事が得られなかったとしても、その電話で「お宅のお子さんにはこんな力があるんですよ」と、学校での「いいところ」を伝えることができます。

また、どうしてもご両親の都合が悪い場合、おばあちゃんやおじいちゃんに頼めないか、とお願いしてみることもあります。

ふわっとサポート92 保護者が来られないときには、本人に事情を伝えてあげる

「今日はお母さん来るかな、来ないかも」と不安がって、子どもが何度も後ろを振り返り、落ち着かなくなるのがいちばん気の毒です。保護者の出欠を事前に確認しておき、本人に伝えてあげましょう。もちろん伝え方は「ふわっとサポート91」の電話をかけた際に確認しておきます。

「トキオ君、今日お母さんはお仕事で来られないけど、すごく残念がっていたよ。先生があとでトキオ君の活躍を伝えてあげるからね」

ふわっとサポート93 子どもたちの呼び方は普段どおりに

そうそう、公開授業で、いつもよりはりきって授業をするのは悪くありませんが、子どもたちがいちばん違和感を持つのは、呼名するときです。いつもどおりの呼び方を通しましょう。高学年になると、「いつもは呼び捨てにするのに、今日の先生、なんか変だったな」なんていぶかしがられますよ。

12月の特別支援

保護者懇談会における支援

公開授業と懇談会を別々に設定する地域もあります。懇談会はとても大切な機会なので、ここで取り上げておきたいと思います。

今年の担任は当たり？ハズレ？

さて、私たち教員が聞いてドキッとする言葉、それは「今年の担任は当たりよ」とか「ハズレだった」というような保護者の方の井戸端会議で交わされる言葉です。

授業の上手下手というのは、保護者の方々には意外とわからないものですが、では、保護者はどのように「当たり」「ハズレ」を判断しているのでしょう。

(1) 懇談会の時間

懇談会が3時から4時までとなっているとき、延長しすぎて5時までかかってしまったら、保護者としては困ります。でも、30分ほどで早々に終わってしまうのが、実はいちばんがっかりするらしいのです。特に男性の先生は早めに終わることが多いようですが、自分たちのクラスはとっとと終わったのに、隣のクラスは盛り上がっている様子などを帰り際に見てしまうと、「隣はいいなあ」となるようです。

(2) 話を聞いてもらえたかどうか

これは懇談会の時間とも関連していますが、先生が一方的に話をしておしまい、というのは、どうもうまくないようです。「先生はいつも私の話を聞いてくれない」という不満が子どもたちにたまってくると、クラスはワサワサしてきます。それと同じで、保護者にも「話を聞いてほしい」という思いがあり、それを受け止めることで保護者の信頼が得られるのです。

どうも懇談会も授業と同じで、計画的に、そして一方的に話しすぎないよう構造化していくことがポイントのようです。

ふわっとサポート 94　クラスの「いいところ」を保護者に伝える

短い時間で保護者の気持ちをつかむためには、クラス全体の「いいところ」を把握し、わかりやすく、温かく保護者に伝えましょう。

ふわっとサポート95 家庭でできる学習ワンポイントアドバイスを

今後の単元などから、ちょっと家で見てあげるといい学習面のアドバイスを、手短かに（あくまで手短かにですよ！）教えてあげると喜ばれます。

ふわっとサポート96 学年に合わせた子育てワンポイントアドバイスを

学習面だけでなく、例えば「4年生くらいになると女子は……」などと、保護者が悩みそうなテーマについて、「こんなかかわり方がいいようです」と、子育てについてのヒントを伝えると、保護者は関心を持ち、担任に対する信頼感も増すようです。

特に、子どもとよく口げんかになるような場面を想定して、子どもへの具体的な受け答えのし方の工夫などを伝えると喜ばれるようです。

わざわざ懇談会に参加してくださった保護者に、できる限り「お土産」を持って帰っていただいて、教師と保護者の協力関係を築いていきましょう。

懇談会でこんなアイデアはいかが？

ふわっとサポート97 わが子以外のことで自己紹介

新しいクラスでいきなり子どものことを話すとなると、抵抗がある保護者も少なくありません。特に発達障がいを持つ子のお母さんの中には、わが子のことをどう話したらよいか、とても悩んでおられる方も多いのです。

まずは保護者同士の話しやすい雰囲気をつくることが大切です。そこで私は、「お子さん以外のことで自己紹介をしてみてください」なんていう提案をしています。

話のテーマとしては、例えば「最近はまっているもの」「はまっている食べ物」などと書いたカードを保護者に引いてもらったり、数字の代わりにテーマを書いた「テーマさいころ」をつくっておき、それを転がしてもらったりして、保護者自身の話しやすいテーマを用意すると、話しやすいと思います。

特に、父親の話題などになると、「あるある」とか「うちも……」なんてけっこう盛り上がったりするものです。ただし、母子家庭、父子家庭も増えているので、その点には配慮してください。

35 サッとツール 名前カード集めゲーム

保護者一人ひとりに、名刺大のカードに5枚ほど自分の名前を書いてもらいます。適当にペアになってじゃんけんをしてもらい、勝った人は名刺をゲットできます。名刺がなくなってしまう人が出るまで続けて、最終的に一番多く集めた人から自己紹介してもらいます。

他には、各自が紙とペンを持って歩き回り、挨拶を交わした人に名前を書いてもらって、参加者全員の名前を集めていく、という方法もあります。

ふわっとサポート98 小グループでディスカッション

保護者を数名のグループに分け、小グループごとにテーマに沿って話し合ってもらいます。そして、あとで代表の人に全体に向けて発表してもらいます。大勢の前だと緊張するけれど、小グループだと話しやすいという意見が多いのです。

このようにいろいろアイデアを出して、楽しみながらできる懇談会を企画していくと、「今日は何をするんですか、先生」と、楽しみにして来てくださったり、「先生、お手伝いしましょうか？」なんて言ってくださったりする保護者が出てきます。

学級の雰囲気をやわらかくしていくために、保護者の理解と協力は欠かせません。

また、懇談会や連絡帳、学級通信などを通じて保護者からの信頼を得ていれば、子どもたちの問題で先生が苦しくなったときにも、保護者のバックアップを受けて乗り切ることができるのです。

西埼玉LD研究会メンバーの長い教員経験から振り返ると、保護者同士が仲良くなることはクラスがまとまる一番の秘訣だということです。

先生と保護者、保護者同士の気持ちを近づけるための方法をもっと知りたい方にはこの本がオススメです。

＜先生へのオススメ本＞
髙橋伸二・八巻寛治／編著『保護者会で使えるエンカウンター・エクササイズ』ほんの森出版

懇談会でのカミングアウトについて

懇談会の席で、発達障がいを持つ子の保護者に「お子さんの説明をしてほしい」という先生からの要望、あるいは、「うちの子について説明する機会をつくってほしい」という保護者の願いを聞くことがあります。

このような取り組みは、大変意義のあることです。しかし、テレビで見たり本で読んだりするようにはうまくいかないのが現実と言えるでしょう。なぜなら、テレビや本の場合は、著名な専門家や研究者がバックアップしてかなり計画的に行われているからです。

例えば、先生が懇談会の前夜にいきなりご家庭に電話をかけて、「明日懇談会があるので、そこでお子さんの病気について説明してください」というはたらきかけをしたとしても、それは無謀な試みでしかないのです。

特に、発達障がいを持つ子の行動がクラスの保護者の間で問題になった段階で、「病気」についてむりやり説明させ、保護者に責任を取らせるような追い詰め方をしてしまうことは絶対に避けなくてはなりません。

もし、他の保護者の雰囲気が「わが子さえよければ」といった状態であればなおさら、このような取り組みは逆効果になることのほうが多いでしょう。

保護者への説明がうまく行われるためには、クラスの保護者の雰囲気をアセスメントする必要があります。

また、一度ですませようとは思わないこと、外部の専門家やそのような経験のある保護者などのアドバイスをもらうことも一計です。和やかな雰囲気で終われるよう、先生としても最大限の協力をすることが大切でしょう。

1月の特別支援
冬休みの過ごさせ方と次年度へのフェイディングの開始

小さな頃からできるだけ多くの体験・経験をさせておくことは、発達障がいのあるなしにかかわらず、とても有意義なことです。保護者の協力をいただきながら、意図的に生活上の課題を設定してチャレンジしてもらいましょう。

ふわっとサポート 99　休みにお正月らしい経験を

伝統行事を実感してもらうことはとても大切で、また、古きよき日本文化の伝承という意味もあります。さらに、これらのチャレンジを意識させることで、冬休みのゲーム漬け状態を回避することもできます。

ちなみに、冬休みといえば、お年玉ですね。

「親から言われてうれしかった言葉は?」と聞かれて、「これからはお年玉の使い方はあなたに任せるよ」という一言だと答えた子がいました。

お年玉を話題にして、お金の管理や金銭感覚について家庭で話し合っていただくとよいでしょう。

かつては保護者会でも、お小遣いやお年玉の額といった話題がよく出ていました。お母さん同士で情報交換して額に配慮するのは一つの知恵ですが、最近はあまり話題にのぼらなくなってきました。額にもかなり個人差があり、低学年でも驚くほど高額のお年玉をもらっていることもあります。

金銭感覚を養うことは、大人になってからの就労や自立とも大きくかかわるので、子どものときからの地道な指導が必要です。

冬の生活チャレンジ

ふわっとサポート 100　いろいろな課題をさせる

・初日の出を家族で見る
・おせち、お雑煮、七草がゆを食べる
・初詣に行く
・年賀状や年賀状の返事を書く
・カルタ、羽子板、すごろく、凧揚げなどをする

冬休みだけでなく、夏・春休みも含めた長期休みに家庭でチャレンジしてほしい課題の例を提示して、できる限り多く

トライしてもらう、というような試みもあります。

ふだんの生活チャレンジ

冬休みなど長期の休みは、ふだんの生活習慣を育てるチャンスでもあります。

・ゴミ出しを手伝う
・ふとんを片付ける
・食事の用意や片付けをする
・トイレ、お風呂の掃除をする
ご飯を炊く、おにぎりを握る
・サラダをつくる
・家族の肩をもむ
・図書館で本を借りる
・ハチマキを自分で締めてみる
・テレビやゲームを一日見ない・しない

衣服の支援

冬の学校は「寒い」と「暑い」のギャップが激しく、こまめに服の脱ぎ着をする必要があります。発達障がいのある子には温度変化に対して弱い子が多いのですが、着衣に意識が向きにくいため、自己管理が難しいところがあるようです。

36 サッとツール　S字フック

上着の整頓にも苦労する季節ですね。ある先生は、S字フックを人数分用意して、窓の手すりにかけさせていました。また、冬場でも、うまくたたませればダウンの上着なども小さくなるので、それをランドセルにしまわせる、という方法もあります。

ふわっとサポート 101　服の脱ぎ着を指示する

暖房が十分きいた室内でも、ずっとブルゾンやコートを着たまま、暑そうだったり動きにくそうにしている子がいます。「上着脱いだら？」とこまめに声をかけましょう。

ふわっとサポート 102　上履きのサイズをチェック

この時期になると体が大きくなったり、冬休みにふとったりして、春から履いている上履きのサイズが合わなくなっていることがあります。発達障がいを持つ子はもともと上履きや靴下を履くのが苦手なことがありますので、なるべく履きやすい適切なサイズを用意してもらいましょう。

ふわっとサポート 103　服装にも配慮を

冬場は特に袖の長い服や、首周りにファーがついているもの、フード付きのパーカーなどを着るようになります。パーカーの紐をずっと口に含んでいたり、ファーを舐めたり、袖をかじったり、という場面が多く、その刺激を楽しむことに気持ちがはまってしまい、授業中も「心ここにあらず」状態になる子がいます。

注意集中が困難にならないように、家庭で服装にも配慮してもらう場合があります。

また、体育などで、体操着の上にはおるものとしては、丸首のトレーナーということにクラスで統一すると、安全面においてもよいかもしれません。

小中の連携とフェイディング

「中1ギャップ」という言葉がよく聞かれます。小学校と中学校とでは学校生活にかなりの変化があり、環境の変化に弱い子などが中学1年になって不登校になることもあるようです。

発達障がいを持つ子に対しても、このような変化に配慮する必要があります。そのために、小学校と中学校が積極的に連携していくことはとても重要です。

一般的には中学校の先生が体育などの授業を小学校で行うといった「出前授業」が多く実施されています。近年、中学校の先生も特別支援的な視点を持つようになってきました。粗大運動や姿勢保持（低緊張）、バランス感覚、走り方、対人距離の取り方、などを観察して、気になる子を把握するようにします。

また、出前授業に中学校の特別支援教育コーディネーターやスクールカウンセラーが同行して、配慮が必要な子どもを行動観察しておくとよいでしょう。

その他にも様々な小中連携の取り組みがありますので、紹介しましょう。

ふわっとサポート 104 小学生が中学校に行って授業を受ける

小学生のうちから、中学校の校舎を知っておく、雰囲気を知っておくと同時に、中学校の教室で実際に中学校の先生の授業を受けてみる、という、体験学習です。

ふわっとサポート 105 中学校生活や部活について、中学生の説明を聞く

中学校の生徒が小学校を訪ねて、生徒会や部活動の紹介・説明をします。

ふわっとサポート 106 小学生と中学生が交流する

例えば、小学1年生が、中学3年生のお兄さんお姉さんに遊んでもらうという形式や、小学6年生の児童と中学1年生の生徒が混じってグループになり、テーマ（例えば「環境について」）について話し合い、発表する形式があります。また、市内・町内体育祭のために中学校の陸上部が小学校に教えに来る形式などの、様々な交流方法があります。

別れのはじまり

さて先生方は、春からここまでいろいろな支援を工夫し、子どもから学び、その子との信頼関係を築いてきたわけですが、残念ながら私たちはずっとその子のそばにいてあげられるわけではありません。せっかくその子の「いいところ」をいっぱい知り、やっとこれから、という段階ですが、そろそろお別れが近づいてきているのです。

発達障がいを持つ子の多くは、新しい環境、新しい人間関係に自分を合わせることが苦手です。また、見通しを持つことが苦手という問題もあり、自分で気持ちの準備をしておくことができません。そこで、1月に入ったら、様々な機会を通して、こちらから「別れ」を意識させてあげる必要があります。

このように支援から計画的にはずれてあげることを「フェイディング」と言います。

ふわっとサポート 107

次年度へのフェイディング

折に触れて、以下のような点を伝えていきます。

①来年度、先生は担任でないかもしれない。（あるいはこの学校にいないかもしれない。）

②友達も、教室も、下駄箱も変わる。

③新しい先生もきっとあなたを大切にしてくれる。

④あなたのことを信頼し、応援している。あなたは新しい担任の先生とクラスメートと一緒に、楽しい学校生活を送れると信じている。

ヒサオ君は、新学期の担任発表のとき、自分の大好きなセツコ先生が学校からいなくなっているのを初めて知り、大変動揺し、床にひっくり返って泣き叫びました。子どもたちにそのような悲しい思いをさせないためにも、今から少しずつ、伝えていきましょう。

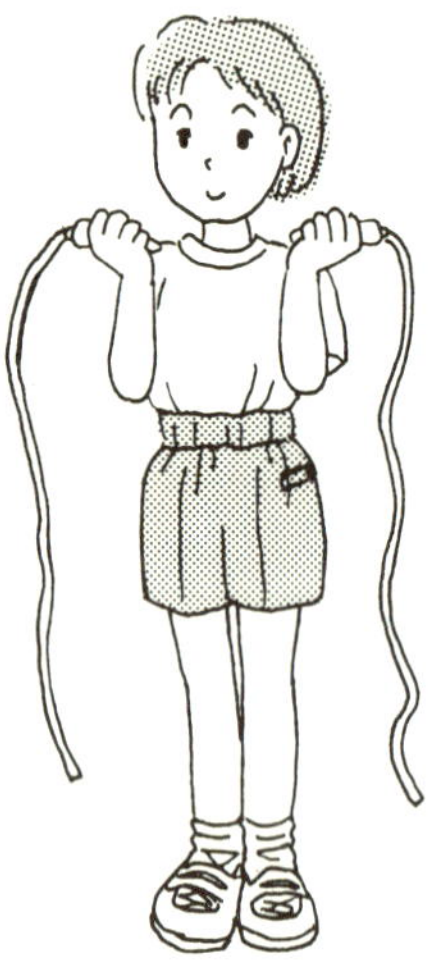

37 サッとツール

チョッキンなわとび

この時期の体育で発達障がいを持つ子が苦手とするものに、「なわとび」があります。手首だけを使って回すことができず、腕全体を大きく振り回してしまうため、うまく跳べないのです。

まずはロープを中央で二つに切り離した跳び縄を使って、手首だけで回す感覚を体感させましょう。グリップの部分が長くなっているもののほうが、より跳びやすいようですよ。

38 サッとツール

ＩＮＦ公認クリアートビナワジュニア（アシックス）

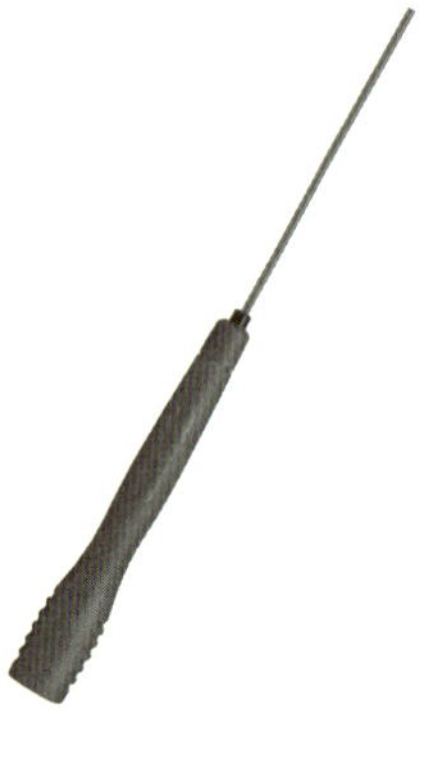

競技用の跳び縄です。写真は持ち手が中心になっていますが、持ち手が長くつくられていて、大変回しやすくなっています。

2月の特別支援
次年度への情報整理と引き継ぎ

2月になり、ステキで魅力あふれるクラスの子どもたちとのお別れがいよいよ近づいています。次年度に向けての情報整理と引き継ぎについて考えましょう。

クラスの人間関係を把握する

今年度の学級を振り返って、次のような子がいなかったかを整理しましょう。

(1) 発達障がいを持つ子の周囲に

①わざと刺激する児童・生徒

発達障がいを持つ子がいちばん気にしているキーワード（例「トロイ」「のろい」）や指摘（例「また失敗した」）で、わざと刺激してからかう子たちがいます。いつもそばにいるので、「仲がいい」と勘違いしないように気をつけましょう。

②陰でコントロールする児童・生徒

例えば、興奮しやすい子をねらって興奮させておいて、その子がパニックになるとスーッとその場から立ち去ったりする子がいます。そうすると、先生が駆けつけたときは、その子が1人で騒いでいるかのような状況がつくりだされるのです。中学生くらいになると、先生の前ではパニックになっている子をなぐさめたり、かばうような発言をしたりしてみせる巧妙な生徒が多いようです。

③行動を真似する児童・生徒

気がかりな子の中には、器質的な課題のせいで、授業中長い時間着席していられない子がいます。その姿を見て、ちゃんと授業を受けていた別の子どもたちが、「楽しそう」「おもしろそう」と感じ、その真似をしはじめることがあります。

先生に発達的な視点が不足していると、わざと真似している子と、器質的な課題のせいで取り組めない子との違いに気づけず、同様に強い指導を行ってしまうことがあります。注意したいものです。

④トラブルを期待する児童・生徒

自分たちは直接手を下さないけれど、「今日もあいつが暴れてトラブルが起きないかなぁ」などと楽しみにしているグループが存在していることがあります。

(2) 学級のアセスメントが重要

学校で、例えばＡＤＨＤを持つ子が「今年はけっこう落ち着いている」などと評価されるときには、その子の成長のみならず「不適切な行動が生じにくいクラス環境」が大いに影響していると言えます。つまり、マイナスの刺激が減った結果、落ち着いてきたと考えられるのです。

発達に課題を持つ子ども自身の耐性や社会性を育む支援はもちろん必要ですが、その子の周りにいる子どもたちを育て、すべての子どもが落ち着いて授業に臨めるクラス環境を醸成していくことこそ、真っ先に取り組むべき支援でしょう。

発達障がいを持つ子の問題ばかりにシングルフォーカスせずに、子どもたちの関係を把握し、その子を変えようとする前に、まず学級の人的環境を整えなくてはならないのです。

年度末に向けての支援①
子ども同士の相性を見る

わざと刺激する子などの情報をキャッチできたら、クラス分けの際、できるだけ配慮する必要があります。

どのクラスにも、1人や2人は気になる子、配慮を要する子が在籍しています。例えば、1組のジュン君と3組のノリマサ君を一緒にしたらどうなるだろうなどと心配になることもあるでしょう。

そこで、次年度の学級編成を検討するために、2月は学年の人間関係を開いて、いろいろな児童・生徒を一緒に活動させることを試みましょう。

ふわっとサポート 108 授業交換

学年全体をクラスに関係なくいくつかに分け、いつもと違うメンバーで授業を行います。小グループの学習活動などを設定し、着席場面での相互関係を見ます。

ふわっとサポート 109 学年で球技大会

勝ち負けが関係したり、協力が必要となったり、といった場面で、子どもたちの様子を観察します。

ふわっとサポート 110 横割清掃

違うクラスの子どもたち同士で清掃をさせてみます。清掃場面は、トラブルが起きやすいので観察に適しています。

ふわっとサポート 111 交換給食

給食の時間は、清掃と同様に比較的自由度が高い場面です。給食当番や片付けのときなど、役割行動での状況を把握できます。

かかわりの上手な子を見つけよう

一緒に活動させると、互いに悪い面が出てしまう子どもの組み合わせは目立つので容易に把握できますが、発達障がいを持つ子へのさりげない声かけやかかわりの上手な子を見つけておくことも大切です。私たち教師以上にうまくかかわることのできる子もいるのです。

ただし、同じクラスにして「お世話役」を頼もうという発想では、その子の負担が大きすぎて、せっかくのよい面がつぶれてしまう可能性があります。むしろ、かかわりの上手な子から私たち教師が学ぶ、という姿勢を持つべきでしょう。

年度末に向けての支援②
ていねいに引き継ぐ

ていねいに行うポイントは、「うまくいった支援」とはどういうものだったか、を明確にして次の担任に申し送ることです。まじめな先生ほど、「うまくいった」と言える支援などないと言われますが、じっくり振り返れば必ず「よい支援」が見つかるはずです。もちろん自分だけで振り返るのでなく、管理職や特別支援教育コーディネーター、教育相談主任や学年の先生方と話し合って考えていきましょう。

ふわっとサポート112 問題行動の起きやすい場面を明確にしておく

ある子に問題行動がよく起こるのは、休み明けなのか週末なのか、1～2限目なのか午後なのか、といった「時間的把握」や、音楽室で起きやすいなどの「空間的把握」を行います。さらに、どのような教科や活動で起きやすいか等、個々に整理し、次年度に役立てましょう。

ふわっとサポート113 効果的な言葉かけを記録する

うれしい声かけは、その子その子で違います。「効果があった言葉かけ」と「うまく伝わりにくかった言葉かけ」を具体的に記録して引き継ぐとよいでしょう。

ふわっとサポート114 その子に合ったクールダウンを見つける

興奮してきたときのおさめ方も、一人ひとり違います。例えばパニックになったとき、比較的早くおさまったのはどんな条件だったか、どんな場所がいいか、などを整理しておきます。

ふわっとサポート115 その子に合った手がかりの提示法

視覚的な手がかりが効果的と言われますが、イラストや写真がいいのか、文字か、具体物に近い物の提示が必要なのかも、それぞれ異なります。

また、耳からの情報をとらえるのが上手な子であっても、視覚的手がかりをまったく添えなくていいとは限りません。反対に、高機能自閉症を持つ子の中にも、絵カードより聴覚的手がかりのほうを好む子もいるのです。「その子にとってうれしい手がかり」を模索しましょう。

39 サッとツール 引き継ぎ報告書

すでに「引き継ぎ報告書」を作成されている学校も、これからつくろうとしている学校もあるかと思います。個人情報に気をつけつつも、その子のためにぜひ「活用できる報告書」を作成しましょう。

引き継ぎ報告書に掲載したい情報

①診断名
②医療機関・相談機関名と担当者氏名
③健康状態や投薬に関する情報
④検査結果（ＷＩＳＣなど）
⑤今年度の実態把握（学習面・自己統制・社会性）
⑥得意な活動や好きな教科
⑦苦手な教科や苦手な刺激
⑧興味・関心や趣味
⑨本人の願い・保護者の願い

＜引用文献＞阿部利彦編『教師の力で明日できる特別支援教育』明治図書、２００７年

3月の特別支援

子どもたちに育てられて

1年間、子どもたちのためにお疲れさまでした。さまざまなご苦労のあった1年だったと思います。

皆さんの周りには、体を壊され退職や休職をされた先生がいらっしゃいませんでしたか。今の時代、先生というお仕事は、ますます大変になっているようです。

そんな中で、ある先生の言葉が思い出されます。

「私を支えてくれたのは、なんといってもクラスの子どもたちです」

私たちは、子どもたちの笑顔にどれだけ救われてきたことでしょうか。そして今年もほら、紙の切れっぱしに汚い字で書いたメッセージを「先生これあげる」と持ってきてくれました。紙くずのようだけれど、心のこもったすてきな宝物です。

年度末の支援①先生からの贈り物

ふわっとサポート 116 先生からも贈り物をする

子どもたちからもらったたくさんの思い出のお礼に、先生からもクラス全員に贈り物をしたいですね。例えば、手づくりのしおりなどもよいでしょう。他には、こんなアイデアがあります

ふわっとサポート 117 クラス全員の「いいところ」を書いた寄せ書きを作成する

子どもたちの「いいところ」を先生が1人で探すのもなかなか大変です。「トシヒコ君だけは、いいところが見つからないなあ」と悩むこともあるでしょうが、ここが先生の腕の見せどころです。

ただ、最初はなるべく友達同士で見つけ合うようにさせましょう。先生が育んだ「ふわっとクラス」の子どもたちなら、大人以上に「いいところ探し」の名人になっているはず。子どもたちは私たち大人が思っているよりもずっと、よく見ていて、よく知っていて、よく考えているのです。

ふわっとサポート 118 「いいところ探し」は、本人にとってうれしいものを

子どもたちにお互いの「いいところ探し」をさせると、先生の目を意識して、いかにも先生が喜びそうな「まじめ」

「そうじをきちんとする」といった言葉をあげる子がいます。でも「いいところ探し」の目的は、子どもの自己肯定感を高めることなのですから、言われたその子が「やった！」「そうだな」と思えるような言葉を探せるよう援助しましょう。

あとは、先生ご自身の「いいところ探し」を子どもたちにしてもらうのもおもしろいですよ。ちなみに西埼玉ＬＤ研究会の佐々木先生は、子どもに「バカ笑い、クラスナンバー１」とほめられた、と大笑いしていました。

ふわっとサポート 119 支援に迷ったら、子どもに聞く

特別支援教育にも様々な技法がありますが、それを子ども本人が負担に感じたり、恥ずかしいと感じたり、ぜんぜん納得していなかったりしたら、それは真の支援とは言えません。「いいところ探し」だって、本人が「うれしい」と感じなければ、それは意味がないのです。

もし迷ったら、どうぞ子ども自身に聞いてみてください。必ずヒントをくれるはずです。

年度末の支援②卒業式のために

卒業式などハレの舞台で、「失敗した」「出なければよかった」という思いはさせたくありませんね。

ふわっとサポート 120 パワーポイントを使って、進行を確認しておく

パワーポイントで、事前に卒業式の流れを示し、確認させる、という方法は有効です。さらに当日も「次は4年生による歌です。6年生との思い出を胸に歌います」などと、進行をスクリーンに映したり、祝辞を言う際にキーワードを見せたりする取り組みを行っている学校もあります。このようにビジュアルに工夫するのは、別に発達障がいを持つ子のためだけではありません。

ふわっとサポート 121 必ず一度は通しのリハーサルを

最近は、卒業式の練習時間も短縮されています。しかし「わかっているはず」と、はしょってしまうと「練習のときと違う！」と混乱してしまう子がいるのです。当たり前かもしれませんが、一度は、台詞も含めて最初から最後まで通しのリハーサルをお願いします。

ふわっとサポート 122 お助けの仕組みをつくっておく

また、緊張してしまい「呼びかけ」で固まってしまったときや、泣いてしまったときの援助法をあらかじめ考え、子どもたちと打ち合わせしておきましょう。サポートするペアをそれぞれ決めておくという方法もあります。

年度末の支援③入学式に向けて

園から小学校、小学校から中学校へと上がると、環境や生活が大きく変わります。特に発達障がいを持つ子の場合は、保護者や学校間で連携しての支援が必要です。

ふわっとサポート 123 入学式会場や教室を下見させてもらう

ふわっとサポート124
昨年の入学式の様子をビデオで見せる

ふわっとサポート125
事前に特別支援教育コーディネーターやスクールカウンセラーとコンタクトをとる

この場合、校長先生を通じて連絡をとり、中学校には保護者と本人で会いに行く方法もありますが、できれば小学校の担任や特別支援教育コーディネーターが同行してくれるとさらに心強いですね。

子どもの「ひとこと」で育つ教師に

「5月」の節でユウコ先生を「くそババア」と言った子を紹介しましたが、あのケンさんが、終業式、ユウコ先生にそっと近づいて言いました。「オレさあ、来年の担任はチビでオバさんの先生（ユウコ先生のこと）でいいからよぉ」と……。手強かったケンさんのそのひとことに、ユウコ先生は心中ひそかに「よしっ！」とガッツポーズをしたそうです。

また、中学校の生徒指導を長年担当しているカズオ先生は、この時期に必ず思い出すことがあるそうです。若い頃、乱暴者がたくさんいたクラスをまとめあげ、彼らからも慕われ、「この1年うまくいった！」と思っていたら、一番まじめでおとなしかった女子から手紙をもらったそうです。「このクラスで過ごした1年間は、とてもつまらなかった」と。

この手紙をもらって、カズオ先生は、どうしても目立つ子や元気な子に目がいき、けなげでまじめな子が後回しになっていたことに初めて気づかされたのです。

それから十数年たちますが、カズオ先生はそれ以来ずっと、クラスをひっそりと支えてくれている存在を大切にした学級経営を心がけています。

そしてまた新たな出会いが

さて、いよいよ新学期、また新しい出会いがやってきます。子どもたちもうきうき、どきどきですが、先生だって同じ。でも、担任発表のときにお互いいやな思いはしたくないものです。

ふわっとサポート126
担任発表の際には声を出させない

担任が発表されると、子どもたちから「やったー」「えーっ？」「またかよ！」「○組はいいなぁ」などの声があがり、場が騒然となることがあります。ですから、これは、ぜひ始業式での発表の前に、校長先生からひとこと言っていただきたいと思います。

校長先生「みんな、新しい先生が決まって、うれしい気持ちになるだろうけど、大きな声を出したり拍手したりはしないで、静かに聞いていてください」

子どもが大好きで、この1年間さらにステップアップした先生方なら、今年の担任発表のときも、子どもたちはひそかに「やった」という表情をしてくれるに違いありません。

ふわっとサポート127
新しいクラスとの出会いを笑顔で

さあ、名前を呼ばれたら、胸を張って、新しい子どもたちの前に笑顔で立ちましょう！

第２章

教科別の特別支援

教科別の特別支援

「つまずき」に配慮した学習支援

発達障がいを持つ子の支援については、高機能自閉症のある子への支援、ＡＤＨＤのある子への支援、というように、診断別に支援方法を紹介されることが多いようです。

ところが、再三お伝えしているように、同じ診断名を持つ子でも、その「つまずき」は千差万別なのです。

ですから、学習場面でも、同じ診断名を持つ子どもが同じところで一様につまずくとは限りません。診断名だけを基にしていると、子どもの困難を見過ごすことにもなりかねません。

支援を行う際には、診断名を基にするのではなく、例えば「拗音を読む」ことが苦手である、「百十一」を「１０００１」と書いてしまう、というように、教科あるいは領域（例えば「読みの領域」「書きの領域」など）のなかでのつまずきを先生が具体的に把握して、そのつまずきの背景にはどんな課題があるのかを検討しながら、支援方法を考えることが重要になります。

おっと、そう聞くと、「忙しいのに、どうしてその子だけに」という感覚を持ってしまいがちですね。どうやら〝特別〟支援教育という言葉が、クラスの一部の子だけに対してのスペシャルな、個別の取り組みだという先入観を与えているようです。

でも、ちょっと待ってください。例えば学習障がいを持っていて、「えいご」を「ええご」、「おおかみ」を「おうかみ」と表記してしまう子がいるとします。しかし、クラスをよく観察してみると、同じような間違いをしている子が他にも必ずと言っていいほどいるものです。

発達障がいを持つ子へのていねいな指導は、他の子の学力の底上げや安定に必ず効果があります。

そのことをぜひ念頭において指導を工夫してみましょう。きっと、発達障がいを持つ子どもだけでなく、クラスの子どもたちみんなの輝きが増しますよ。

国語の支援

言葉を楽しむ

言葉による指示の理解や、問題文の読み取りなどは、すべての教科において必要です。そして、そのベースとなるのが国語力です。読むこと、聞くこと、話すこと、書くことは、全教科につながる基本的領域ですので、低学年のうちからていねいに支援しておきましょう。

「読み」が苦手な子への支援

ふわっとサポート 128 「指はさみ読み」で意識させる

音読のときに、文字を意味のまとまりで確認させるために、親指と人さし指で単語を一つずつ、はさみながら確認させます。

指はさみ読み

40 サッとツール ラインマーカー

教科書に1行おきにラインを入れていくと読みやすい場合があります。ラインマーカーの色は、その子の好みや入力しやすい色などを考えて選択します。

41 サッとツール 単語カード

単語のまとまりを何度もカードで読ませます。授業中に突然単語カードをぱっと出して読ませる、といったゲーム形式の活用も有効です。

ふわっとサポート 129 早口言葉で覚えさせる

「きっと、きって（切手）かって（買って）きて」といった言葉をゲーム感覚で覚えさせます。

ふわっとサポート 130 体を使って覚える

リズムを使ったり、体を動かしたりして覚えさせます。この方法は、授業中の

エクササイズ読み

促音カード

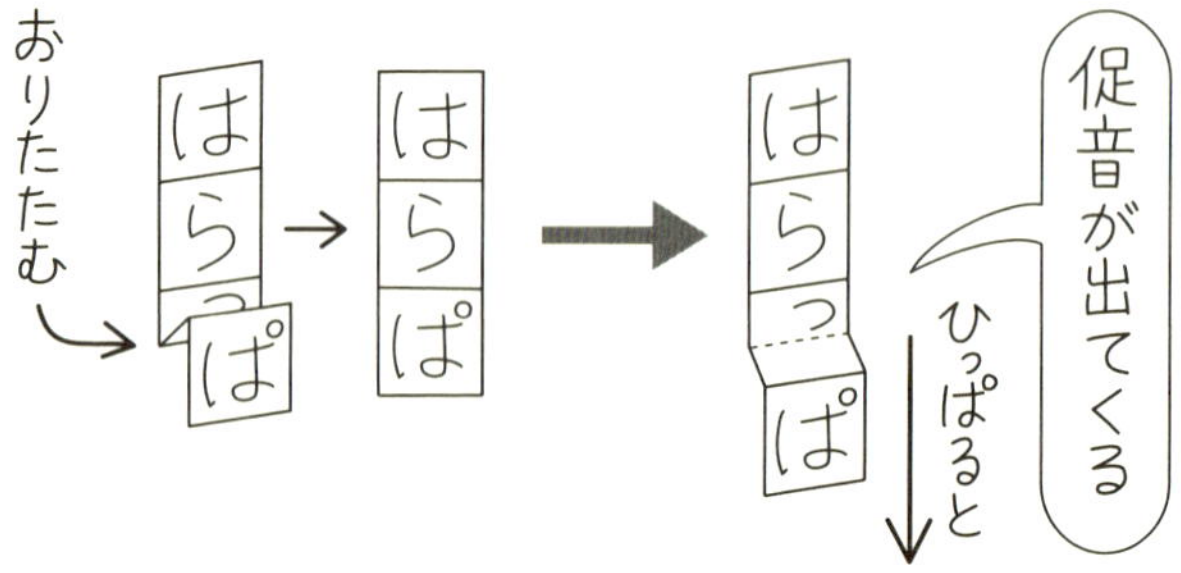

拗音カード

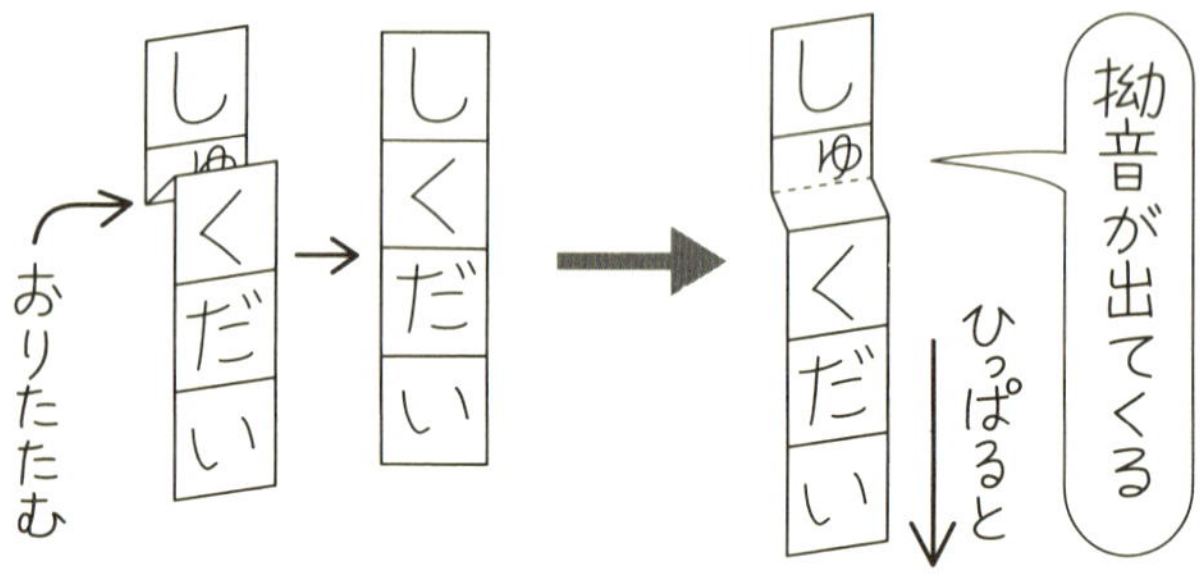

リフレッシュにもなります

①手を叩きながら読む……例えば、「はらっぱ」であれば4回手を叩きますが、「はらぱ」と読む子は3回になってしまいます。

②エクササイズ読み……クラス全員で上のイラストのように立ちます。単語を読みながら、促音や拗音で片足を上げさせて、リズムを体で覚えさせます。

42 サッとツール

促音カード・拗音カード

促音を飛ばして読むとどのように違うのかを、実際に目で見て確認できるようにします。同じように、拗音を飛ばして読むとどのように違うのかを、実際に目でみて確認できるようにします。

43 サッとツール

拗音さいころ

小学校低学年の拗音習得について見てみると、例えば、①「しゃ」と読めるが、「し」と「ゃ」を分けて表記できない、②拗音「ゅ」を飛ばして聞き取っている、③似た音「ぎ」「じ」が聞き分けられない、などの課題を持っている子が多く見られます。例えば、次のような拗音での間違いが見られます。

「でんしゃ」……でんしゅ、でんしょ、でんしや

「しゅくだい」……しくだい、すくだい

「きんぎょ」……きんじょ、きんぎよ

そこで、この「拗音さいころ」で、学習場面にゲーム的要素を取り入れ、楽しんで学習させながら、拗音の定着を図ります。

（「拗音さいころ」のつくり方は、囲みを参照してください。）

＜さいころ遊びの仕方＞

基本編　拗音の仕組みや発音を学ぶ

①2人が前に出て、大きいさいころと小さいさいころの担当を決めます。さいころを転がす係は、おとなしい子や、ふだんあまり発言する機会がない子にお願いするとよいでしょう。

②1人が大きいさいころを投げます。

③2人目の子が小さいさいころを投げます。

④2つのさいころの出た文字を見て、発音します（音、仕組みの確認）。

⑤担任はゆっくり板書します。

⑥子どもたちがこの音を含む「言葉あつめ」をします（担任は板書を担当）。

⑦次の2人が前に出ます。

★「拗音さいころ」のつくり方

①大きさを変えた２種類のさいころをつくります。

②大きいほうのさいころ（大）には、拗音と組み合わされる文字（き、し、ち、に、ひ、み、り、ぎ、じ、ぢ、び、ぴ）からいずれか６つを選び、さいころの各面に書き入れます。

②小さいほうのさいころには、拗音（ゃ、ゅ、ょ）をさいころのそれぞれ対向する面に書き入れます（３種類の文字しかないので、１種類が２つの面に書かれます）。

＊さいころは、コーナーを透明の板（プラ板）でとめて、文字を書いた紙を取り外しできるようにすると便利です。それぞれのひらがな文字の紙の裏には、カタカナ文字を書き、リバーシブルで入れ替えることもできます。

（西埼玉ＬＤ研究会・入江悦子先生考案）

応用編　語彙を増やす

（準備：グループをつくります）

①～④は「基本編」と同じ

⑤グループで相談してさいころの文字をもとに言葉を考え、制限時間内にできるだけたくさん紙に書きます。

⑥グループごとに発表します。

このように、目で確認したり、体を使ったり、ゲーム感覚で覚えたり……と、できるだけ楽しく学べる機会を設定し、子どもに「学ぶ楽しさ」や「達成感」をたくさんプレゼントしたいものですね。もちろんその際、先生ご自身も楽しむことをどうぞお忘れなく！

44 サッとツール　1行定規

読んでいてどこまで読んだかわからなくなる子や、行の読み飛ばしのある子が教科書に載せて使います。下の写真やイラストのように、教科書のちょうど1行分だけが見えるようにスリット（窓）が開けてあるので、1行ずつズラしながら読んでいくことができます。もちろん教科書の一部を書き写す際にも使用することができます。

1行定規

「話す」のが苦手な子への支援は、まず「語彙」を増やす

自分の考え方をまとめる、気持ちを表現する、事実を整理して相手に伝える、といった「話す」力は、学習場面はもちろん、対人関係の場面で大変重要な能力です。この能力を向上させるために、ソーシャルスキル・トレーニングの手法を取り入れることは、もちろん有効な手立てとなります。

ただ、発達障がいを持つ子で、以下のような課題を持っている場合には、いきなりソーシャルスキル・トレーニングに入るより、まずそのための基盤固めから始めたほうがよいでしょう。

①獲得している語彙数が大変少ない

②自分の興味・関心の対象についてのみ語彙が豊富

③「言葉」をたくさん知っているのだが、自分流に解釈しているため本来の意味と違っており、不適切な用い方をする

特に②のようなタイプは、高機能自閉症やアスペルガー症候群を持つ子に多く

見られます。中学校・高校では、教科でしかかわらない先生も多いため、授業での様子だけを見て「こんなにぺらぺらしゃべっているのだから、話す力については問題ない」などと判断してしまいがちです。しかし、ある教科においては見事に知識を披露してくれる彼らでも、日常生活で課題を持っていることがあります。

　例えば、自分の心情をうまく表現する言葉を見つけられない子は、友達とのトラブルの場面で、「どうせわかってもらえない」とあきらめてしまったり、イライラして手を出してしまったり、パニックになってしまったり、といった行動につながることが多いのです。

　ですから、上手に話す技術を磨くには、まず徹底的に語彙数を増やしていってあげることが優先です。その際、中学生だから「わかっているはず」とか「知っていて当たり前」という考えをちょっと脇に置いて、基本的な言葉からていねいに指導していただければ、と思います。

ふわっとサポート 131 話し方の視覚的ヒントを提示

　背面黒板などに、話し方の手がかり（話し始めの台詞やまとめるときの言葉など）を掲示します。

　例えば、整理して話せるように、〈だれが・いつ・どこで・なにを・どうした・どうなった・どう思った〉の順番を示したカードやマニュアルをつくります。

ふわっとサポート 132 公的／私的な話し方の切り替え

　場に即した話し方をするのが苦手な子も多いので、特に友達と休み時間を過ごすときと授業中とでは、話し方を変える必要があることを指導していきます。プライベートな場面とオフィシャルな場面を意識して話すことは、一般社会に出ても必要なことです。

ふわっとサポート 133 「目を見て」話さなくてもよい

　「相手の目を見て話す」ということが難しい子がいます。そんな子にはつい「ちゃんと先生の目を見て話しなさい」という指導を繰り返ししてしまいがちですが、発達障がいをお持ちの成人の方に聞くと「相手の目を見る」という行動と「話す」という行動を同時に行うことは、非常に難しいことなのだそうです。どちらかに「過集中（集中しすぎること）」してしまい、二つを同時に処理することが困難な子もいるのです。

　その場合、まずは話すことに集中させてあげるように配慮しましょう。それができてきたら、次のステップとして「相手のほうに顔を向ける」ことを徐々に意識させるようにしていきます。

45 サッとツール 「お話さいころ」

　「サッとツール42」の「拗音さいころ」に似ていますが、さいころの面にそれぞれ話のテーマが書かれているものです。テレビ番組でも使われていたりしますので、授業内容や年齢に沿ったテーマで構成すれば、高学年の子でものってきてくれます。子どもはさいころを転がして、出た面のテーマについて話をします。また、通常学級で使用する場合、このようなさいころは、みんなに見えるよう大きめにつくることも検討しましょう。大きなさいころは百円均一ショップでも販売していますので、それを加工するのもよいでしょう。

《お話さいころのテーマ例》
・最近食べておいしかったもの
・今まで読んで一番おもしろかった本
・今とても興味があるもの（はまっているもの）
・好きなマンガのキャラクターについて
・いつか行ってみたいところ

「聞く」のが苦手な子への支援

ふわっとサポート134　指示はゆっくり、はっきり、簡潔に

まずは、わかりやすい指示や説明を、私たち大人の側が心がけることから支援は始まります。「先生の説明は、どうせ聞いてもわからない」と投げてしまう子は、授業に参加するモチベーションが最初から下がってしまっています。それではどんな支援も効力を発揮できません。

ふわっとサポート135　要点を際立たせる

授業中「ここがポイントですよ」「今日はこの3点だけはしっかり覚えてください」などと声かけし、メリハリをつけましょう。その際には声のトーンを変えて、注目を促すことも忘れないようにしましょう。

ふわっとサポート136　サインを決める

人の話を聞く場面で「集中して聞くように促すサイン」を決めておきます。例えば、子どものほうに手のひらを向けることを「がまんして聞こうね」の合図にします。そして、終わりまで聞けたら「サムズアップ」のサイン（親指を立てる）と笑顔でほめ、ノンバーバルで励ますようにします。

ふわっとサポート137　指示を出すときには手に何も持たせない

手に何か持っていると、手いたずらを始めて注意がそれて、話を聞くことができない子がいます。そこで、「いったん鉛筆を置いて先生のほうを向きなさい」などと指示し、手に持っている物を置かせてこちらを向かせてから指示を出すようにします。

ふわっとサポート138　「聞く」ときの態度を意識させる

次のような「聞き方あいうえお」などの標語を日頃からみんなで暗唱したり、黒板の上の壁に貼っておいたりすることで、「聞く」ときの態度を日頃から意識させておきます。

「聞き方あいうえお」

クラスメートの話を聞くときは
あ：あいてのほうを向いて
い：いいしせい（姿勢）で
う：うなずきながら
え：えがおで
お：終わりまで聞きましょう

ふわっとサポート139 サポートメモを活用する

「しっかり聞く」ことを指導することも重要ですが、指示をメモした付箋や小さな紙を用意しておいて、言語指示がなかなか覚えにくい子にはそっと渡してあげましょう。

ふわっとサポート140 指名する順番を伝えておく

友達が発表したことについてコメントを求めたり、質問がないかを聞いたりすることはよくあります。しかし、発表者全員の発表をすべて聞き逃さないように集中するのはとても負担です。ですから、「A君の発表のときに君を指名するからね」とあらかじめ伝えておくとよいでしょう。短時間でも「集中して聞く」という練習になります。

ふわっとサポート141 動いてよい時間を保障する

長時間集中して聞くことが苦手な子については、授業の中で「じっくり聞く」場面と、活動的に動いていい場面を設定して、飽きさせないように配慮します。

ふわっとサポート142 なぞなぞやゲームを取り入れる

よく聞いて考えることを楽しむために、クラスでゲームを取り入れてみましょう。なぞなぞの他にも「スリーヒントクイズ」などもありますね。

子どもたちが、先生の話を聞かないと「しまった」「損をした」「もったいない」と思わせられるような関係づくりと授業づくりをしていきたいものです。

「書くこと」が苦手な子への支援

「書くこと」の支援は、まず姿勢と鉛筆の持ち方の指導から始まります。

ふわっとサポート143 書く姿勢と鉛筆の持ち方を支援

次のような言葉で書く姿勢を意識させ、書く場面のたびに繰り返し唱えて習慣づけましょう。

字を書くときには「ピン、ピタン、グー」。これは、「背筋をピン、足は床にピタン、机とお腹はグー（こぶし）一つぶん離します」という意味です。

サッとツール46 手づくり足載せ台

足を床にしっかりつけて着席していることが、字を書くときは大変重要になります。しかし、机や椅子の高さがその子に合っていない場合には、この台を足の下に置くことによって、子どもは足をしっかり踏ん張ることができます。つくり方は簡単で、電話帳をガムテープで巻いて、足の形をマジックで書いておくだけです。

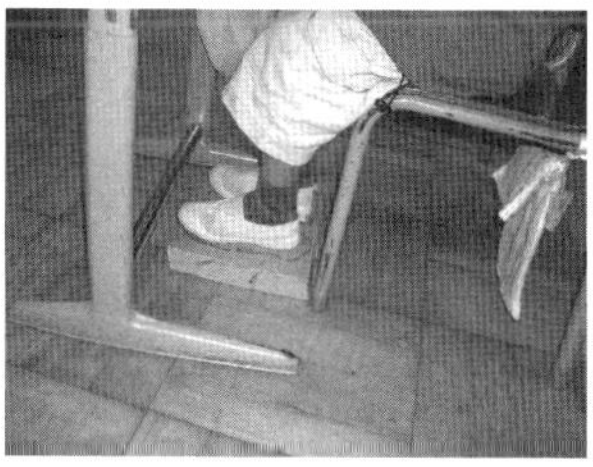

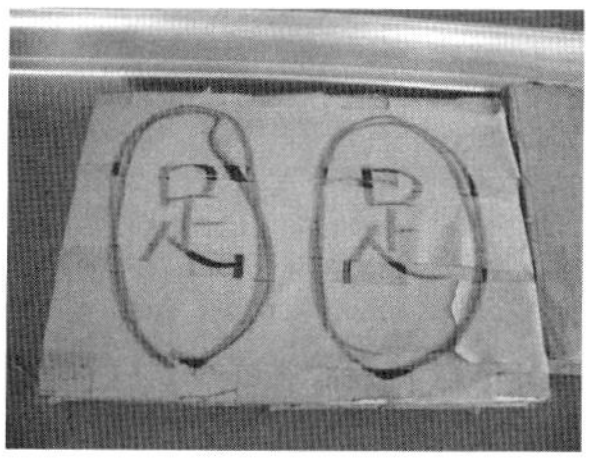

（西埼玉LD研究会・白倉節子先生作製）

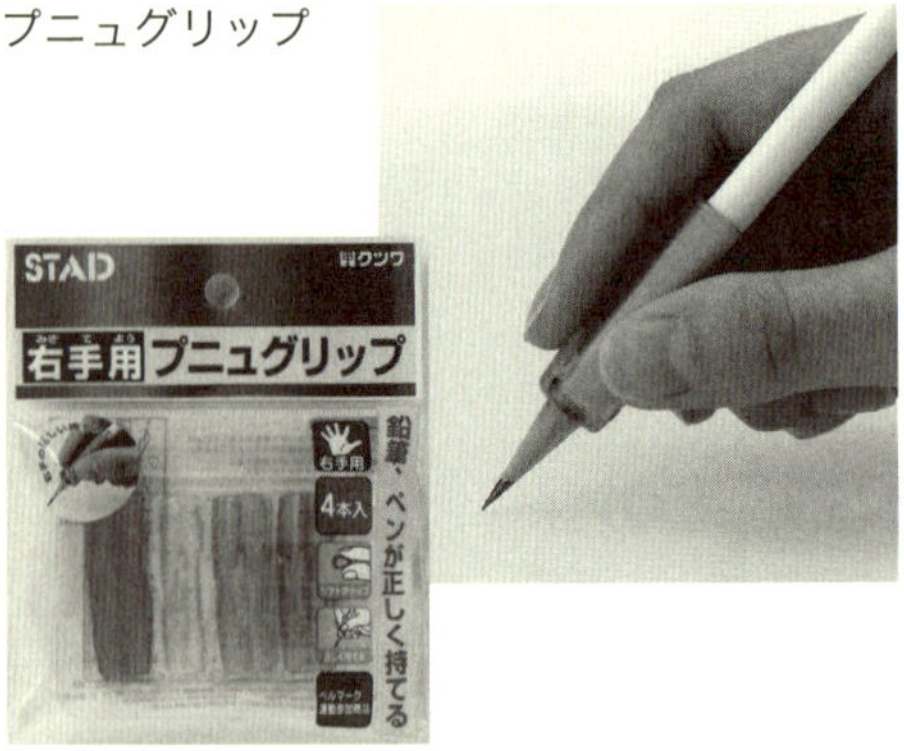

プニュグリップ

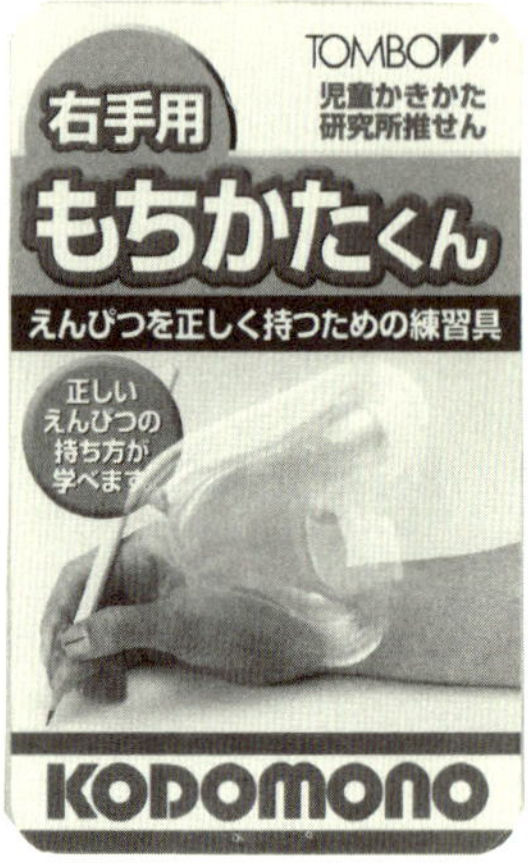

もちかたくん

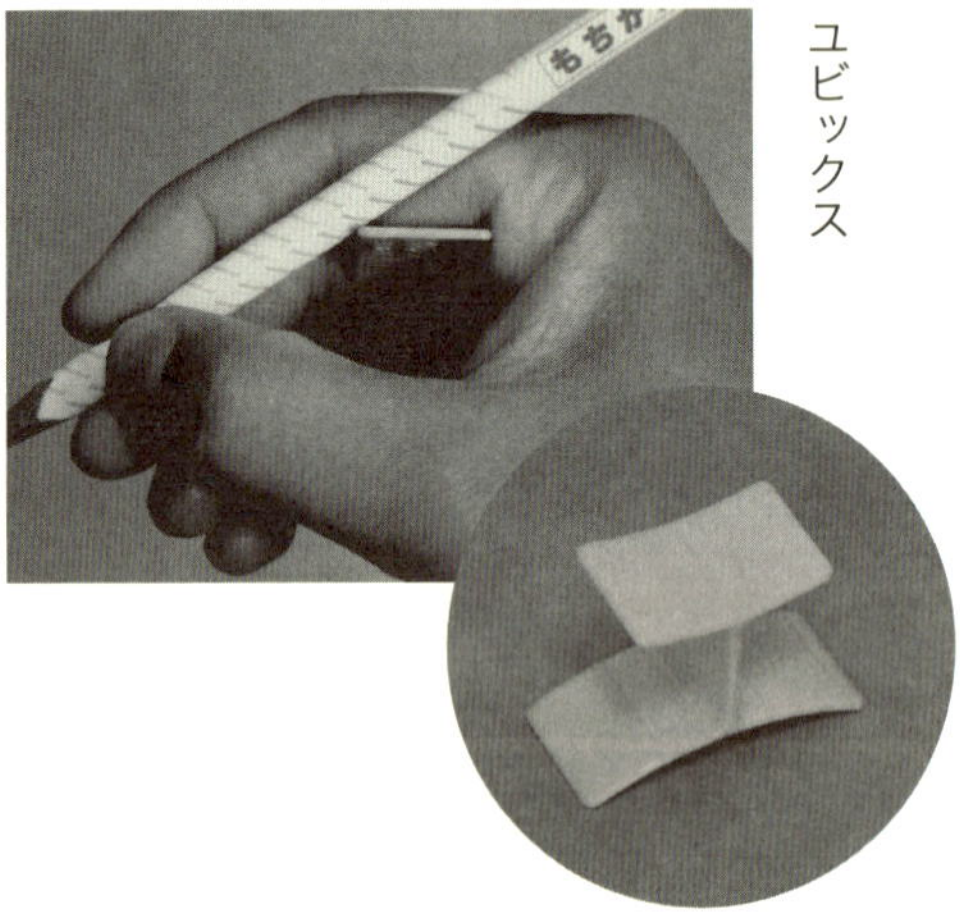
ユビックス

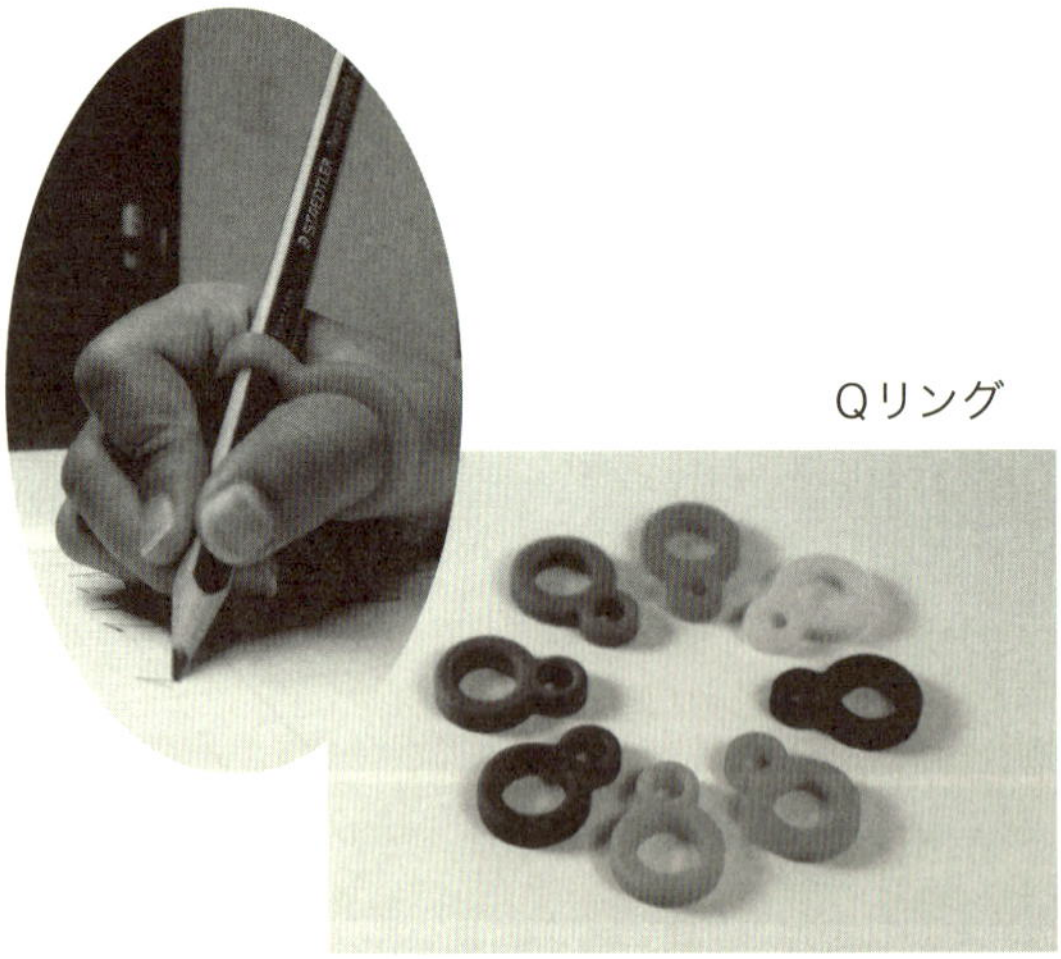
Qリング

姿勢と同じように、鉛筆の持ち方を具体的な手順として意識させます。

「親指と人差し指ではさみ、中指をねかせて枕にします」。持ち方が適切でないとき、この言葉をそっと言ってあげると、「あっ、そうだ」と気がつきます。

鉛筆の持ち方を支援するグッズをご紹介します。

47 サッとツール　もちかたえんぴつ　三角軸（トンボ鉛筆）

軸に書いてある線に親指の中心を合わせると、しぜんに鉛筆を正しい角度（50〜60度）で持つことができます。

48 サッとツール　もちかたくん（トンボ鉛筆）

鉛筆に通して使うソフトなグリップです。左手用もあります。

サッとツール 49 プニュグリップ（クツワ）

「もちかたくん」と同様です。

サッとツール 50 Qリング（アクセスインターナショナル）

リングの小さいほうに鉛筆を、大きいほうに親指をはめて使う、シリコン製のリングです。

サッとツール 51 ユビックス（ユビックス）

横から見ると、カタカナの「エ」のような形をしています。指にはさんでから鉛筆を握ります。

ふわっとサポート 144 運筆のトレーニング

字を書く前に、まず鉛筆を使いこなす必要がある子については、点つなぎや迷路、ぬり絵などを、家庭にお願いして練習してきてもらうとよいでしょう。特に、手首が安定しないと運筆がコントロールしにくいため、手首を意識して練習させるようにします。

ふわっとサポート 145 「とめ」「はね」「はらい」の支援

①「とめ」「はね」……「とまって」「ぴょん」などのフレーズを添えて教えます。

②「はらい」……「はらい」は、力の抜き方の感覚を伝えるために、先生が後ろから鉛筆に手を添えてあげて、一緒に書いてみます。

③ソフト下敷き（やわらかい素材の下敷き）と太芯（2B以上）の鉛筆を使うと書きやすいでしょう。

ふわっとサポート 146 区画を意識させる

漢字の書き取りノートは、左図のようにひとマスが十字の点線で四つの部屋に区切られています。それぞれの部屋に番号を決めて、「①の部屋は……」などと説明してあげると、頭に入りやすいのです。

ノートのマス目

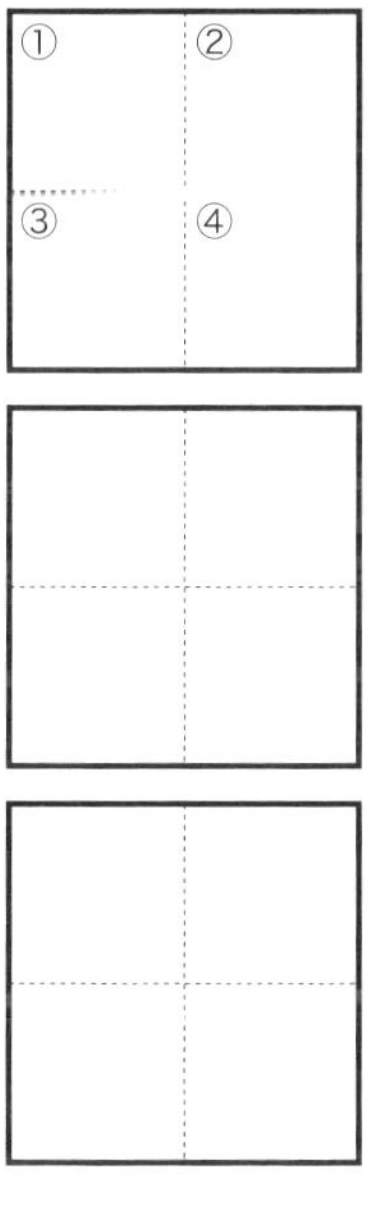

ふわっとサポート 147 「空気の黒板」を使いこなす

新出漢字の書き順を示すとき、先生が空中で大きく字を書いてみせますね。これを「空気の黒板」などと呼んだりしています。右手で黒板に書いて教えるのでは、子どもたちに背を向けていますので、書き順を間違えている子がいても気づいてあげることができません。そこで、「空気の黒板」が必要なのです。

「空気の黒板」を使いこなしている先生は、子どもたちのほうを向いて、左手で漢字を書くことができます。つまり、子どもから見て正しい文字になるように、裏側から字を反対方向・逆向きに書いてみせるのです。慣れるまではイライラするかもしれませんが、鏡文字を書いてしまう子の困った気持ちを理解する手がかりにもなると思って、根気よく練習してみましょう。案外、画数の多い字のほう

カドケシ

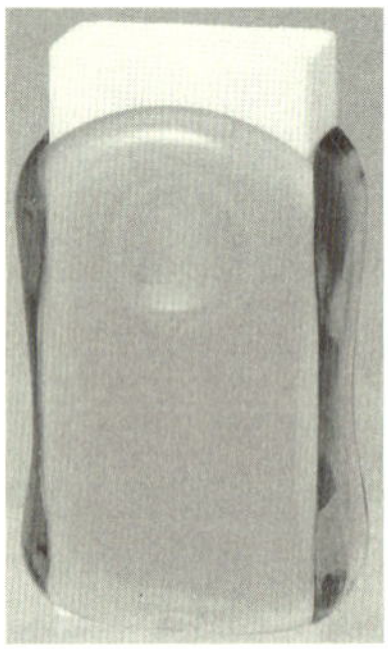

プニュ消し

スーパーカチカチ
スーパーサラサラ
スーパーねばねば

が書きやすく、「人」と「入」などは、「あれっ、どっちだったっけ」なんて混乱してしまいがちです。きっと子どもも同じ気持ちですね。

消しゴムいろいろ

書き間違えた個所を消しゴムで消す際、発達障がいを持つ子は手の巧緻性の課題から、力を入れすぎてプリントやノートを破いてしまったり、消したい場所だけをうまく消すことが難しかったりすることがよくあります。このようなことで気持ちがいらだつと、課題への集中力ややる気を失ってしまいます。

しかし、消しゴムを変えてみるだけで、うまく消せるようになる場合もあるのです。こすったとき変形しにくく滑りのよいタイプの消しゴムを使いましょう。

以下に、いろいろな消しゴムをご紹介します。昨今の消しゴムは本当にバラエティに富んだものがたくさんあり、ご紹介するときりがないほどです。自分のお気に入りを探してみるのも楽しいかもしれませんね。

52 サッとツール　プラスチックけしごむ（無印良品）

シンプルですが力が入りやすく、消しやすいようです。

53 サッとツール　カドケシ（コクヨ）

特殊な形の消しゴムで、角がたくさんあるので、細かな部分を消すのにはおすすめですが、消す力が強すぎる子にはヒビが入りやすいのでやや不向きかもしれません。

54 サッとツール　プニュ消し（クツワ）

鉛筆の握り方のところでご紹介した「プニュグリップ」のついた消しゴムです。指にフィットし、持ちやすく、たくさん消しても疲れにくいそうです。

55 サッとツール　スーパーカチカチ・スーパーサラサラ・スーパーねばねば（シード）

表面がカチカチ、サラサラ、ネバネバタイプの消しゴムです。試してみましたが、消したときの感触がそれぞれ違います。発達障がいを持つ子の中には、手に伝わる感覚に敏感な子もいますから、好みの消し味のものがあれば、消すときのイライラの軽減ができるかもしれません。

ノートの使い方にとまどう子に

ふわっとサポート 148 ノートの使い方を指導する

発達障がいを持つ子の多くが、独特なノートの使い方をします。よく見かけるのが、前回の続きから書き始めるのではなく、そのつどパッと開いたところから書き始めてしまう子です。

56 サッとツール 付箋

授業の最後にノートを確認して、次回の書き始めのページに付箋をつけてあげるとよいでしょう。

57 サッとツール クリップ

高学年の場合は、付箋よりはページの端にクリップ（カラフルなものならなおよい）を留めるなどのさりげないやり方のほうが抵抗なく習慣づけられます。

また、高学年では、ノートの使用形式を統一し、この形式を、4月、5月に特に徹底して指導していきます。

使用形式は、図のように掲示しておき、子どもたちが確認できるようにするとよいでしょう。

ノートの使用形式

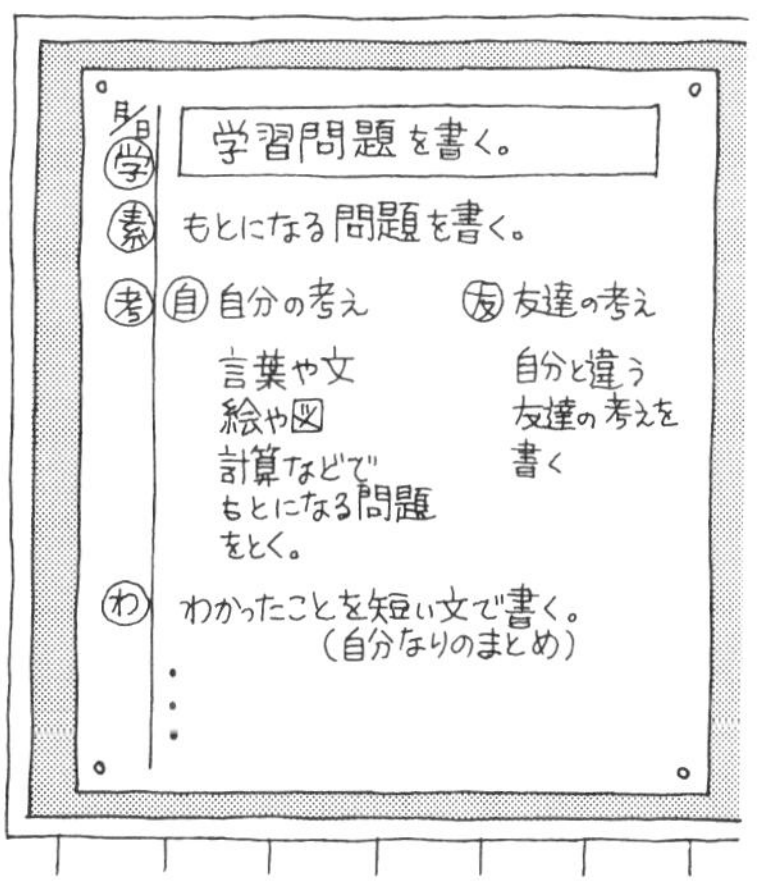

ふわっとサポート 149 ミニホワイトボードを活用

字を書くのが苦手な子、遅い子がその子のペースで板書を写せるように、ミニホワイトボードなどを活用し、大事なポイントの板書をとっておけるようにします。

連絡帳記入事項も、日直さんに消されてしまわないように、左の写真のようにホワイトボードに示しておいてあげましょう。

ミニホワイトボード

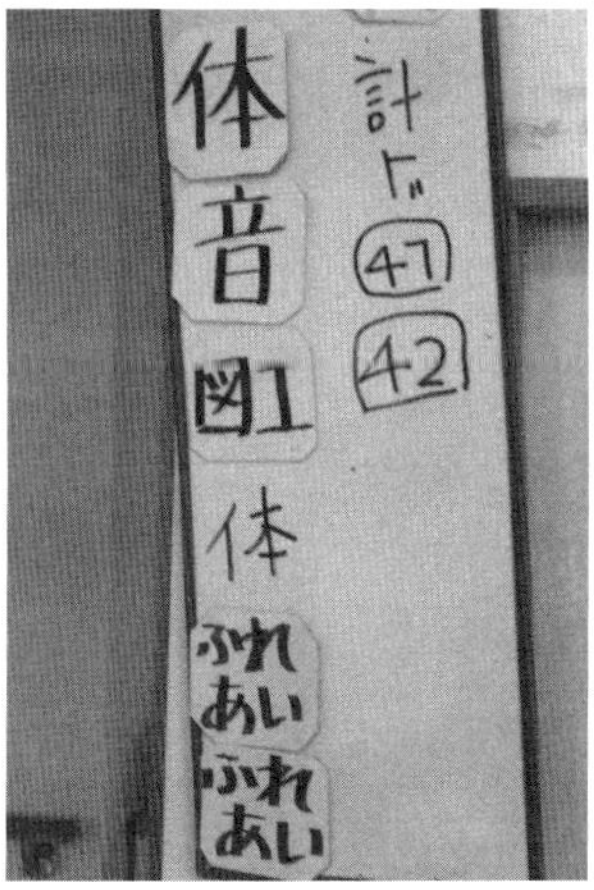

また、字を書くのが苦手な子と言えば、昔はよく、宿題を忘れた子などに「この漢字を50回書いてきなさい」などといった罰がありましたが、発達障がいを持つ子たちをよけいに漢字嫌いにさせてしまいます。このような罰は避けましょう。

「作文」が苦手な子への支援

黒板を写したり、漢字を練習したり、といったことはお手本があるので取り組みやすいのですが、作文や感想文は、自分の経験や体験、思ったことを無の状態からまとめ、文を構成していく作業であり、とても難しいため、細やかな支援を必要とします。

ふわっとサポート150 「一行文」で書くことに慣れる

低学年のうちに、一行文を書く練習を積んでおくと、「文を書く」ことへの抵抗が少なくなります。

テーマはなんでもよいのですが、「先生に一言」という形で、「最近の出来事、感じたことを先生に伝えよう」という主旨の一行文を書いてもらえば、子どもたちの関心事や家族のこともつかみやすく、一石二鳥です。

ふわっとサポート151 リレー作文を楽しむ

小グループでのゲーム形式で、２００字程度を埋めていきます。1人1文ずつ書いて、次の子にまわします。「どすん」とか「あ！」でもオーケーにします。

ふわっとサポート152 ロールプレイング風の作文

発達障がいを持つ子の中には、現実にあったことを書くのは苦手でも、想像して書くことは大変得意だという子がいます。まるでロールプレイングゲームのようにわくわくしながら、どんどん筆が進みます。「真実ではない」「嘘つきだ！」と評価する先生もいらっしゃるかもしれませんが、まずは、その子に作文を好きになってもらうことが大切なのではないでしょうか。

ふわっとサポート153 原稿用紙を工夫する

①原稿用紙の種類……原稿用紙を何種類か用意して、自分が書きやすい罫線の色やマス目の大きさを子どもたちが選べるようにします。前述のロールプレイング風作文も、いつもと違う色の罫線の原稿用紙にして、色によって内容を分けさせたりすれば、気持ち的にも切り替えられてよいでしょう。

②絵日記風の原稿用紙……作文を終えた子が、余った時間に挿絵を描く、という授業風景をよく見かけます。子どもたちの中には、反対に、最初にイラストを描き、それをヒントに文章化するとうまくいく子がいます。

サッとツール58 補助原稿用紙

西埼玉ＬＤ研究会の先生方は、細かい文字を書くことが困難な子に合わせて、マス目の大きさを変えた何種類かの原稿用紙を作成してストックしています。子どもの手の巧緻性に応じた大きさのマス目の原稿用紙を渡すことで、取り組むハードルが低くなります。

ふわっとサポート154 冒頭の2～3行まで支援する

一斉指導が終わって、子どもたちがそれぞれ作文に取り組み始めたところで、個別に寄り添ってあげます。冒頭に書きたい内容を口で説明させ、「じゃあ、こう書き始めたら」と2～3行分アドバイスしてあげると、スイッチが入ってその後はスムーズに書ける、というタイプの子も多くいます。

ふわっとサポート 155 写真を手がかりに書かせる

写真を手がかりにすると、イメージが広がってくる子がたくさんいます。運動会や遠足の写真を見せてあげると「ああ、こんなことがあったなあ、楽しかったんだ」などと連想が広がっていきます。

ふわっとサポート 156 用紙を抱えて机間巡視

子どもたちが作文を書き始めたら机間巡視し、書き終えそうなところで、「おっ、もう1枚トライできそうだね」と次の原稿用紙を渡します。負荷をかけないよう、子どもの様子をよく観察しながら、が大切です。

ふわっとサポート 157 作文はなるべく直さない

作文では、子どもの表現意欲を育てるために、なるべく直さず、むしろ、表記がよいところ、光る表現、光る言葉を見つけ、思いっきりマルをつけてあげまし

ょう。

59 サッとツール 「ほめマーク」スタンプ

「ほめマーク」を決めてスタンプをどんどん押してあげると、子どもたちのモチベーションは上がります。このようにして子どもの表現力を掘り起こすことができます。

例えば、こんなマークはいかがでしょうか。

「ことば」を磨くことは、子どもたちの思考を育てることにつながっていきます。ことあるごとに、よい言葉、よい文、よい詩をできるだけたくさん、子どもたちの中に入れていきましょう。そのためには先生自身の言語感覚を磨いていく必要があるのです。

算数の支援

めざせ！　算数（数学）はかせ

この何年か、私は全国各地の学校におじゃましましたが、行った先で気になる発言を耳にすることがあります。

新年度から新しい学校に赴任された先生が、「今年受け持ったクラスは学力が低くて……。前の学校はこんなじゃなかったんですけどね」などとおっしゃるのです。私や教員仲間にこっそり本音をもらしてくださるだけならよいのですが、どうやらクラスの子どもたちにも、「前の学校の子たちは、もっとできたよ」などと口にしているようなのです。

このような先生方の口癖は共通して、「なんでできないの？」「こんなこともわからないの！」です。さあ、そんな言葉で子どもたちは「やる気」を出せるでしょうか？

とりわけ、この算数の支援では、「間違えること」が当たり前で、「わかりません」と言うことがおおいにオーケーである、という雰囲気を大切に指導を展開していただきたいものです。

「算数はかせ」になる

算数を学ぶときに大切なポイントをまとめると、

はやく、
かんたんに、
せいかくに

となります。つなげると算数（数学）「はかせ」です。

「速く」と「正確に」は、よく言われることですが、支援のポイントは、なるべく「簡単に」考えられるよう、文章題などをイラストやグラフに表してみるパターンを徹底的に獲得させることです。特にパターンに強い高機能自閉症のお子さんには、このパターンにどれだけバリエーションをつけてあげられるかが、私たちに与えられた課題だと思ってください。

ふわっとサポート 158

授業の流れを構築する

算数は、基本的な授業の流れをつくる、つまり構造化を実施しやすい教科です。ですから、発達障がいを持つ子が参加しやすい教科だとも言えるのです。

＜授業の流れの一例＞
復習→問題提示→考え→まとめ→練習

まず、前回のおさらいから始め、振り

返りの後、新しい問題を提示します。その後、個々に問題に取り組んだり練習したりする間は、積極的に机間巡視し、子どもたちのノートやワークシートにすぐさまマルをつけてまわります。発達障がいを持つ子や学習に苦手感を持つ子も、こうして事前にマルをもらっておけば、当てられても安心してみんなの前で発表できるからです。

　また、机間巡視の際、その子と相談して、練習問題の量を「そっと」少なくしてあげることもできます。

ふわっとサポート159　数の読み方をマスターさせる

　算数の基本となる「数字の読み」は、多くの子どもは就学前からしぜんに身につけています。ところが、かけ算九九のことを考えると、

> 4は「よん」ではなく「し」
> 7は「なな」ではなく「しち」

という読み方が定着していなければなりません。「4×7」は「よんなな」ではなく「ししち」ですが、「よん」と覚えている子を修正するのは、意外と難しいようです。ちなみに、0は「ゼロ」ではなく「れい」ですよね。なるべく小学校1年生のうちに「読み方」を定着させてあげましょう。

ふわっとサポート160　数字の書き方を徹底する

　数字の「読み方」と同様、書き方や書き順も徹底的に身につけておく必要があります。

　そこで、小学校低学年のうちに、下の図のように、数字の書き方や間違いやすい書き順などを図示して教えておきます。しばらく教室に掲示しておいたり、子どもがときどき取り出して見ることができるように、小さな紙にプリントして、算数の教科書の表紙裏などに貼り付けておくようにするのもいいでしょう。

　数字が崩れると、自分の書いた数字が読めなくて計算ミスしてしまうことが多くなるので、ていねいに指導したいものです。

ふわっとサポート161　補数は歌で覚える

　5や10の合成・分解を、調子がよく覚えやすい歌にして、歌いながら楽しく覚えるようにします。子どもたちに歌詞を考えさせるのも楽しいでしょう。こうすると、しぜんに補数が頭に浮かんでくるようになります。

　楽しい歌の例をご紹介しましょう。

数字の書き方

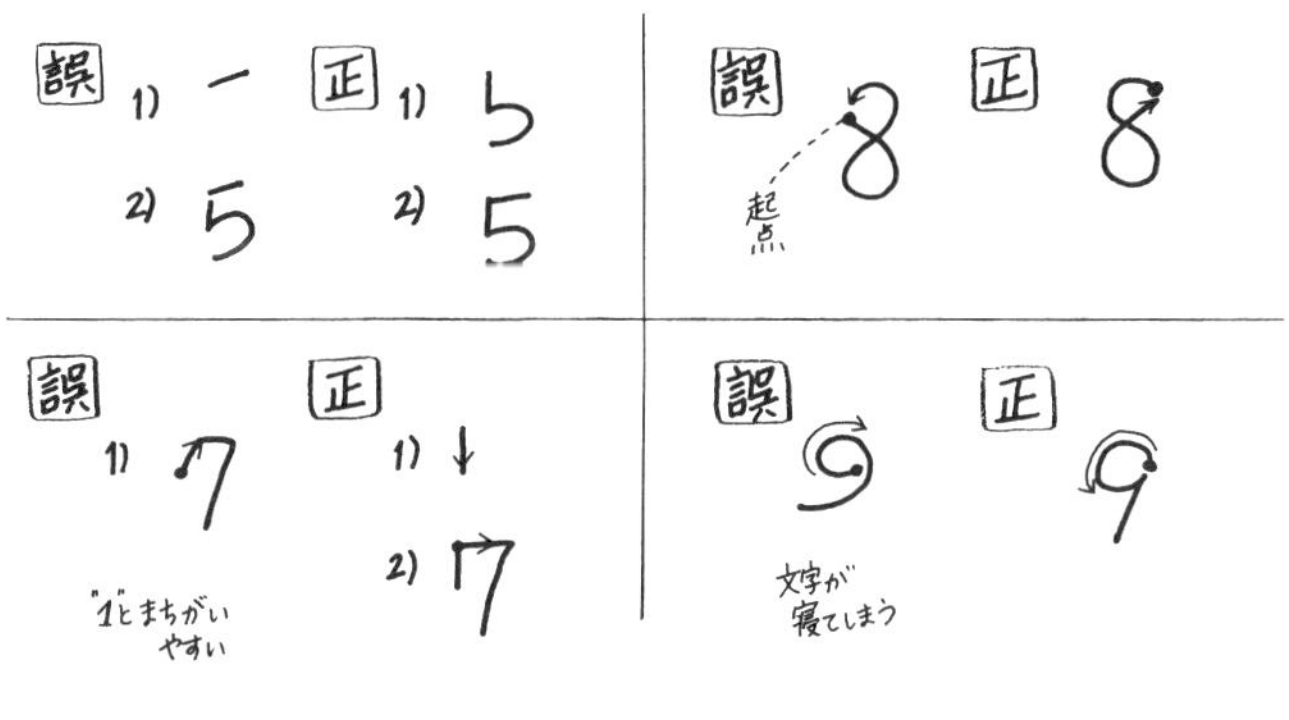

10になるうた

10になる　10になる
1とう9じびき　10になる
2こにこ8みがき　10になる
3マで7りん　10になる
4あわせ6しとり　10になる
5ちそう5はんで　10になる
6しとり4あわせ　10になる
7りん3マで　10になる
8みがき2こにこ　10になる
9じびき1とう　10になる

ごまだんごのうた

ごまだんご　ごまだんご
1と4で　5まだんご
2と3で　5まだんご
ごまだんご　ごまだんご
3と2で　5まだんご
4と1で　5まだんご
5と0で　5まだんご
ごまだんご　ごまだんご

どちらも、西埼玉LD研究会オリジナルのものです。

ふわっとサポート 162

位どりをわかりやすく

左図のような補助的な点線が入ったシートで計算練習をすれば、位取りがよりわかりやすくなります。

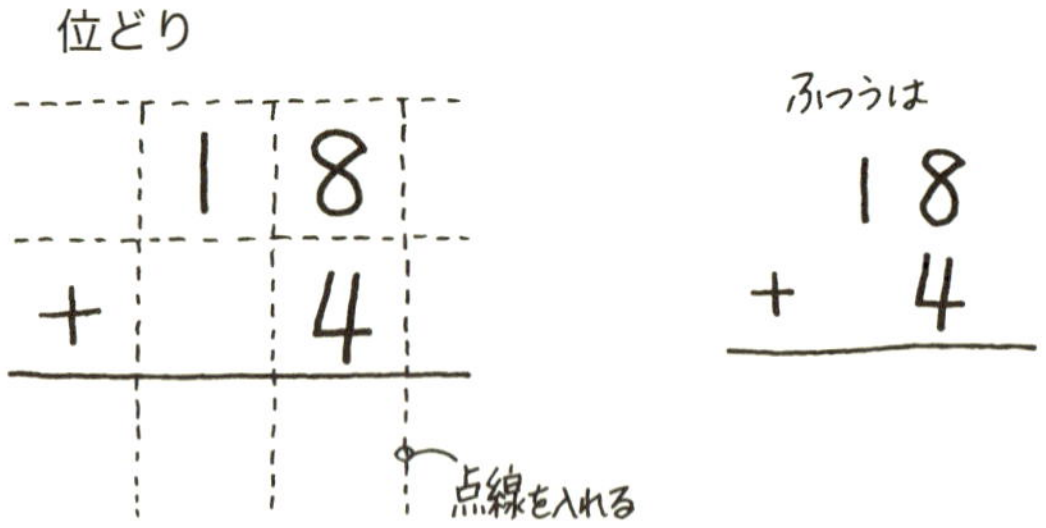

60 サッとツール

子ども用ホワイトボード

「国語の支援」の、「ノートの使い方にとまどう子に」の「ふわっとサポート149」で、ミニホワイトボードを使った方法をご紹介しましたが、算数の解き方を発表するときも、子ども全員にホワイトボードを使用させると、とても見やすく重宝

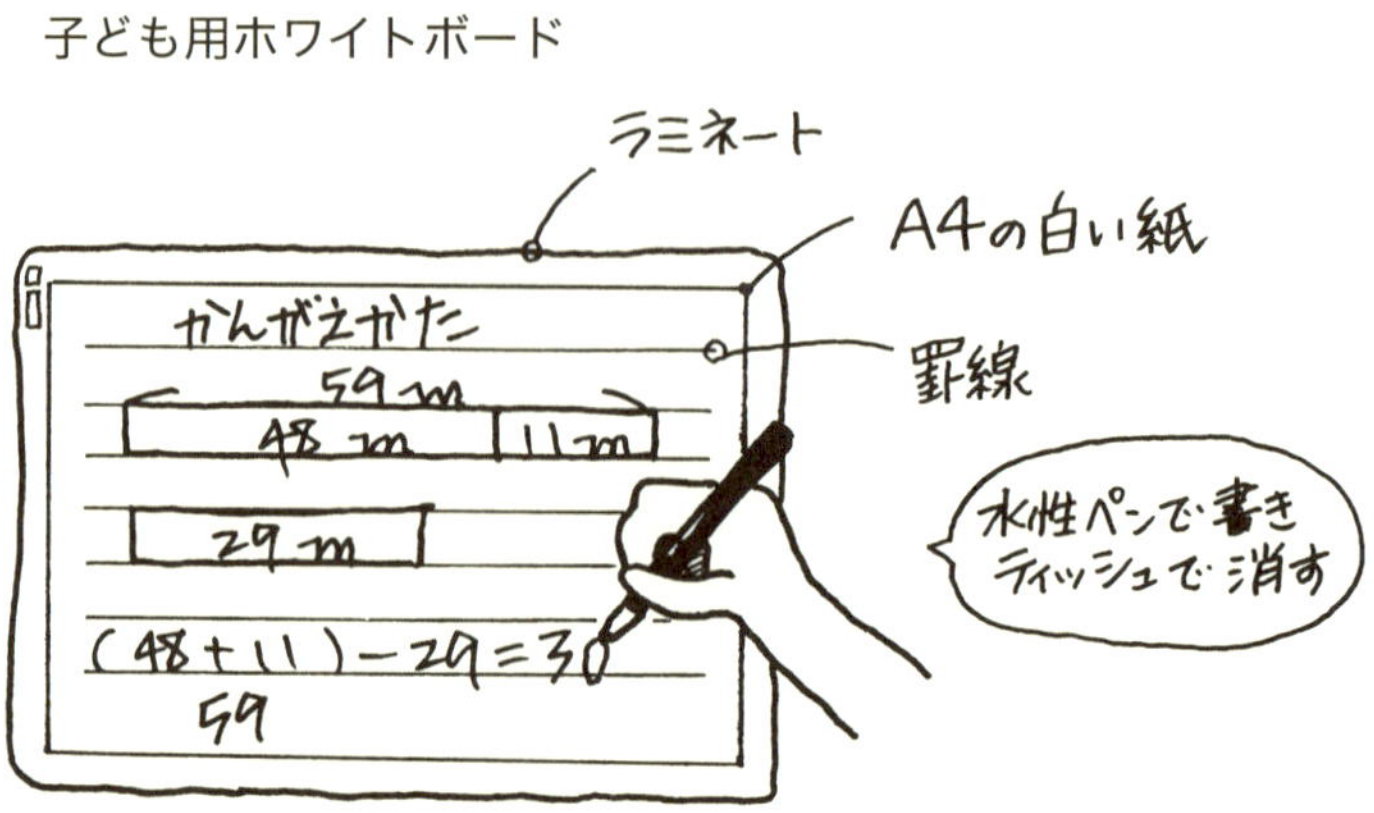

します。

もちろん市販品を人数分購入するのは予算的に難しいので、右頁下段の図のように、蛍光ペンで罫線を引いた紙をラミネートして代用しています。水性ペンで書いたり消したりして何度でも使用できますよ。

ずばり「算数」は「国語」だ

新聞でも話題として取り上げられていましたが、平成20年になってから、算数の授業は大変やっかいなことになっています。数字の「3」が出てくると、子どもたちが一斉に「アホ」になってしまうのです（笑）。

ある学校におじゃましたときも、算数の授業の冒頭に、先生が「皆さん、3という数字が出てもアホになってはいけませんよ！」と注意していらっしゃいました。ナベアツさんに負けないように、私たちも楽しい授業を展開しましょう！

ふわっとサポート 163 漢字や単位にはルビを

計算はできるのに、文章題の漢字が読めない、単位が読めなくて混乱する、といった子のためには、ルビをふってあげるとよいでしょう。理解のある保護者であれば、ご協力いただくといいと思います。

ふわっとサポート 164 文章題は声を出して読ませる

ルビをふった教材を使って、文章題は解かせる前になるべく音読させましょう。視覚情報の入力が苦手な子、ケアレスミスがある子の場合、一度音声にして、耳から確認する方法を使うことで、1字1字をていねいに確認させることができます。

ふわっとサポート 165 新しい言葉は徹底して覚えさせる

「約数」「歩合」などの新しい言葉は、すぐには覚えられません。しかしこれをクリアしないと、先生の説明が理解できないのです。何度もじっくり言葉の意味を教えて、使いこなせるようにしてあげましょう。

ふわっとサポート 166 言葉のおさらいから入る

新しい言葉は、授業の最初におさらいをしてから新しい課題に移りましょう。この「言葉のおさらい」が前回の授業との「のりしろ」となり、重要なつなぎになるのです。

ふわっとサポート 167 混乱しやすい言葉に配慮する

割合を表す単位には「小数」（例えば0・18）と、「百分率」（18％）、「歩合」（1割8分）があります。

「割合を出しましょう」というあいまいな声かけだと、百分率か歩合かで混乱しやすいので、「何％ですか？」といった明確な声かけをしましょう。

ふわっとサポート 168 文章題のキーワードを意識させる

パターン記憶を得意とする子の場合、文章題を読んで式を立てる際の手がかりとして、「キーワード」を意識させる方法があります。例えば、

「みんなで」「全部で」「あわせて」というキーワードは「式が足し算になる問題」です。

「残りは」「ちがいは」「どちらが」の場合だと「式が引き算になる問題」です。

61 サッとツール かけ算九九表カード

かけ算九九の表を見やすいところに掲示する、ラミネートしたカードにして手元に置けるようにする、などの配慮も有効です。

62 サッとツール 九九じゃんけん

かけ算九九のゲームを紹介します。上段左のイラストのように、子どもがペアになり、「同時じゃんけん」の要領で手を出します。1人が指2本、もう1人が指を5本出したとします。どちらかが、お互いの指の本数をかけ合わせて「10！」と答えます。

ふわっとサポート 169 割り算のアルゴリズムをしっかり

割り算の筆算の流れは、①たてる、②かける、③ひく、④おろす、のアルゴリズムになっているので、これを、めくり式のカードにして、確認できるようにします。

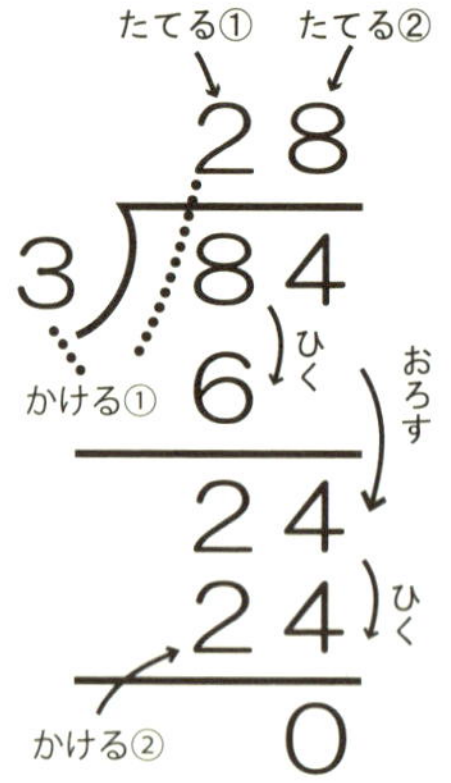

ふわっとサポート 170 式と答えから、文章題をつくらせる

具体物を使い抽象的思考を育てる、という「具体から抽象へ」という流れの学習だけでなく、「抽象から具体へ」という考え方を学ばせることもとても重要です。

式と答えから、オリジナルの問題をつくる、という課題にチャレンジしてもらいましょう。高機能自閉症を持つ子の中には算数がずばぬけて得意な子がいますし、ADHDを持つ子には「ひらめき」のある子がいます。彼ら、彼女たちは、かなりユニークな問題を考えてくれるかもしれません。ステキな問題は、援助しながらクラスで発表させてあげましょう。

63 サッとツール 計算用紙

B6判くらいの紙を用意して、計算する際にはクラスで積極的に使うようにします。計算スペースが狭くて上手に書けない、あるいは自分の書いた数字が読めなくなる、といった場合の有効なサポートとなります。

ふわっとサポート171 面積は「高さ」から教える

三角形や平行四辺形の場合、「高さ」と「一辺の長さ」とを間違えて計算してしまう子が多いので、「高さ」の見つけ方を徹底指導します。問題を解く際には、まず高さの部分に赤線を引いて確認する癖をつけるとよいでしょう。

ふわっとサポート172 図形ではシャープペンシルを使用可に

特に小学校では、なるべく鉛筆を使うよう指導していると思いますが、図形を描く際にはシャープペンシルを使ってもよい、としていただけると、助かります。筆圧をコントロールしにくい子にとっては、鉛筆で細い線を引く作業はかなり難しいのです。

ふわっとサポート173 線は定規で引く習慣づけを

定規がうまく扱えない子がいますが、線を引く際には、必ず定規を使うように習慣づけさせせます。筆算のときもなるべく定規を使って行うようにさせましょう。

サッとツール64 STAD ゼロピタ定規（クツワ）

普通、定規というのはゼロの日盛の前に数ミリの余裕がありますが、そのせいで、定規の扱いが苦手な子にとっては、ゼロの位置を手で押さえながら線を引くのが難しいのです。しかし、このような定規を使えば、ゼロをしっかり合わせられるので、比較的簡単に決まった長さの線を引くことができます。

ゼロピタ定規

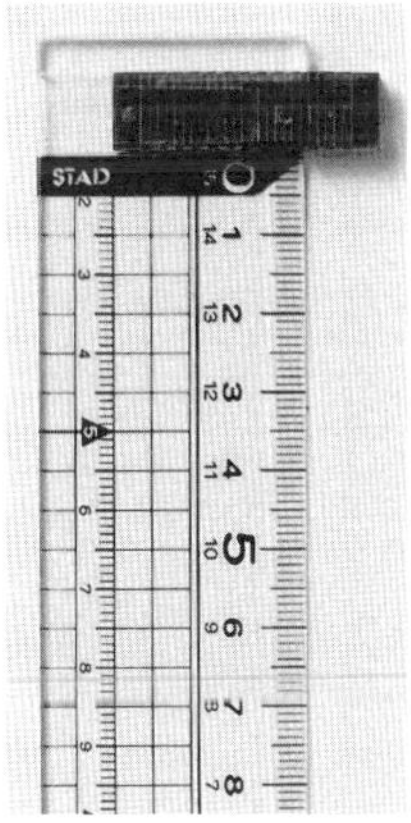

ふわっとサポート174 コンパスは鉛筆付きタイプを

芯だけを付けるタイプのコンパスはねじなどの調節が難しく、細かい作業が苦手な子には非常に扱いにくいようです。鉛筆を付けるタイプのコンパスをオススメします。

ふわっとサポート175 コンパスの針を刺すべきところに印を

円をかくとき、コンパスの針を刺すべきところにあらかじめ×を書く習慣をつけさせるとよいでしょう。

サッとツール65 赤点付き分度器

分度器のゼロの点に細字の油性ペンで赤い点をつけてあげます。それだけでも、頂点を合わせるときの目安になり、測りやすくなります。

サッとツール66 全円分度器（コンサイス）

例えば、分度器で260度を測らせる

とします。180度の分度器だと、2回測らなければなりませんが、視覚的認知が弱い子や不器用さを持つ子の場合、分度器をうまく扱えず、ずれてしまうことがあります。360度の分度器を使うようにすれば、作業への取り組みがスムーズになります。

半円分度器（まなびすと）

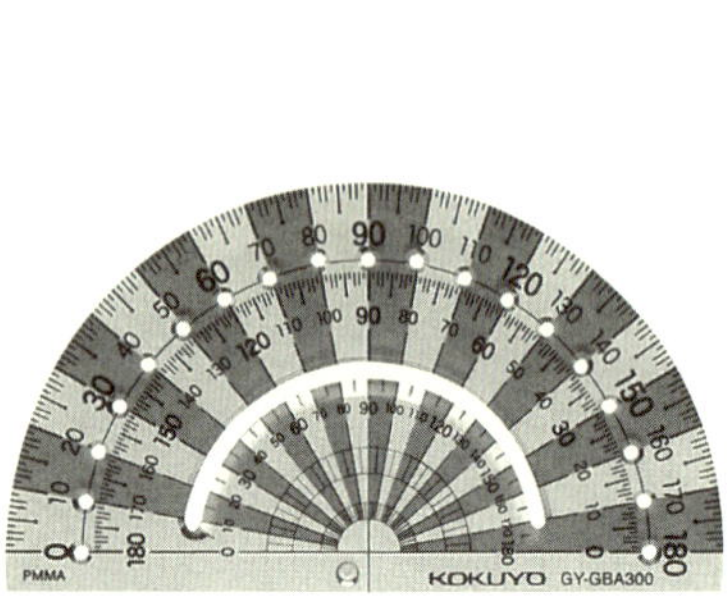

全円分度器

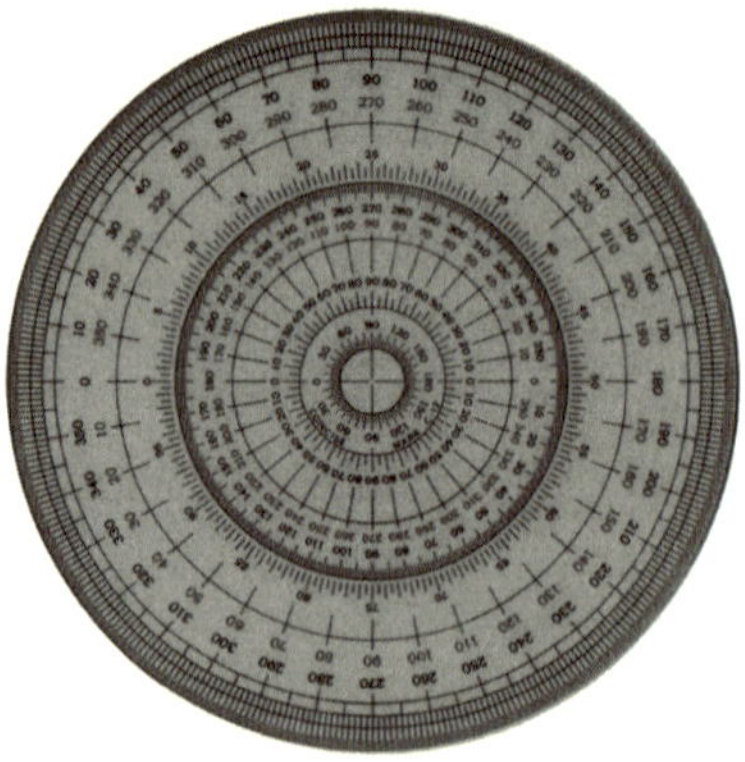

67 サッとツール 半円分度器＜まなびすと＞（コクヨ）

30度ごとに数字を大きくしてある、10度ごとに放射状に色を変えてある、左右両方から目盛りがついているなど、目盛りを読みやすくする工夫が詰まった分度器です。

68 サッとツール 文章題まちが円《えん》

例えば「速さ」「距離」「時間」などを求める問題では、どの値とどの値を割るのか、あるいはかけるのかと混乱することがあります。そんなときには、この「まちが円」を使用すると、混乱せずに取り組めます。

文章題まちが円

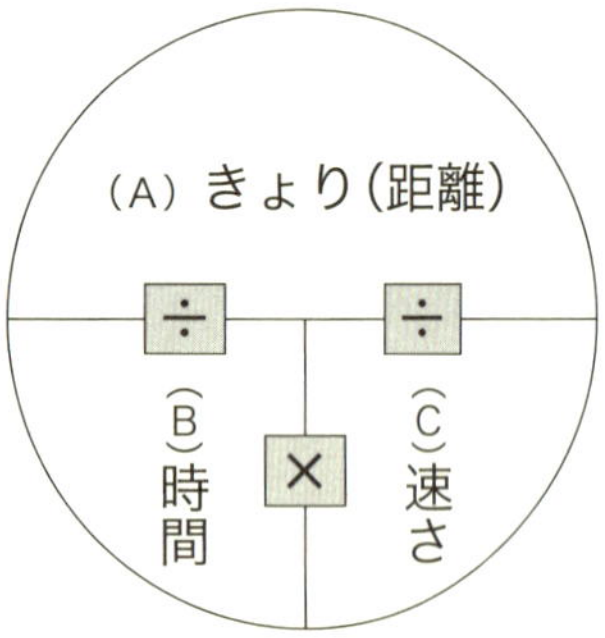

A＝B×C
B＝A÷C
C＝A÷B

発達障がいを持つ子は、「わかっているはずの言葉」を知らなかったり、その意味を理解できていなかったり、言葉を聞いている間に混乱してしまったりします。ですから、算数の問題に取り組む前に、その文章題に使われている言葉をていねいに確認していかなければならないのです。算数を学習することのベースは、ずばり「国語である！」と言えるでしょう。

理科の支援

子どもの可能性を引き出そう

　発達障がいを持つ子の中には大人顔負けの知識を持っている子がいて、それは昆虫学者だったり、魚博士だったり、天体の専門家であったりします。彼らは独自の世界観を持ち、われわれが気づかないような鋭い観察力で新たな発見を提供してくれます。

　ですから、発達障がいを持つ子にとって、理科という教科は大変魅力的です。ただ先生の話を聞くだけでなく、実験や観察によって新しい器具に触れたり、目の前で様々なものの変化を観察したりしながら、得意のひらめきを持って、マニアックに、自分なりに考えをまとめていくことができるのです。

細かな支援で安全に配慮し、楽しむ

　一方で、実験などの際は安全面で配慮が必要ですし、時間内に実験を終わらせなくてはならないので、細かな支援が必要とされます。

ふわっとサポート 176 器具は事前に念入りな点検を

　教材・教具をしっかり点検し、授業がなめらかに進行できるようチェックしておくことが先生にとって大切な仕事になります。当然のことではありますが、アルコールランプの芯の長さやアルコールの量の確認を忘れてはなりません。アルコールの量は一目で確認できるように、適量の水位にラインを引いておくとよいでしょう。また、しばらく使わない場合はアルコールをとばしておく、といった配慮も大切です。

ふわっとサポート 177 器具に触れさせ、慣れさせておく

　探究心のあるタイプの子は、新しい器具に触れると、その器具自体に強い関心を示してしまい、独占したり、いじることに専念したりしてしまいがちです。壊れにくい器具ならば、教室に置いておき、休み時間などに自由に触れることができるようにしておく方法もあります。

ふわっとサポート 178 勝手に器具に触れさせない

　予習の意味合いで器具に十分触れさせ

ておくと同時に、授業中は先生の指示を守って操作するように約束しておき、ルールを守らせます。その声かけのポイントは、「実験が長く楽しめるよう」「あなたがケガをしないよう」です。つまり、「あなたが損をしないためには、勝手に触らないほうがよいのだ」という理解を促すことです。

ふわっとサポート 179 器具の使用法をカードにする

手先の不器用さがあって物の操作が苦手な子や、器具の使い方の手順を覚えるのが苦手な子のために、ガスバーナーやスタンド、顕微鏡などの使用法をカードに書き、リングで綴じて理科室に置いておくとよいでしょう。

ふわっとサポート 180 器具にも視覚的サポートをつけて使いやすく

例えば、スタンドには「自在はさみ」の「高さ」調節用と「幅」調節用のネジがあります。どっちがどっちだか混乱しやすいので、高さのネジは赤、幅のネジは青、とシールなどで色分けし、さらに黒板や使用法カードにも色を明記して、確認できるようにしましょう。

ふわっとサポート 181 上皿天秤の使い方は左右でチェック

上皿天秤で、例えばミョウバンを10グラム量る際、右利きの子の場合は、先に左側の皿に10グラム分銅を載せて、右側の皿に少しずつミョウバンを載せて量ります。反対に、ある物の重さを量る場合、重さを知りたいものを左側に、分銅を右側に載せていきます。つまり、右利きの子の場合、操作するのは右側の皿です。

どちら側に何を載せるのか、を明確に指示し、黒板に解説図を掲示するようにします。

ふわっとサポート 182 アルコールランプ使用の前には周辺の整理を

発達障がいを持つ中学生が理科の実験で「カルメ焼き」をつくる際、散らかった机の上にバーナーを置き、バーナーが傾いたままで実験を始めようとしました。中学生であっても、安全への配慮が難しい子がいるので、まずみんなに机の上を片付けるよう声かけをしていただけるといいと思います。

ふわっとサポート 183 マッチ箱への配慮

最近はマッチを擦る機会もめったにありませんが、マッチを擦るときは方向に注意が必要です。自分に向けて擦ると自分が、向こうに擦ると他の子が危険なので、マッチは斜め下に向かって擦ります。

また、箱内のマッチ棒の頭薬と反対方向に擦らないと、つけた火が箱内のマッチに燃え移る危険があります。頭薬の向きは全部そろえておきましょう。また、マッチ箱に擦る方向を示した矢印やイラストをつけてあげるとよいでしょう。

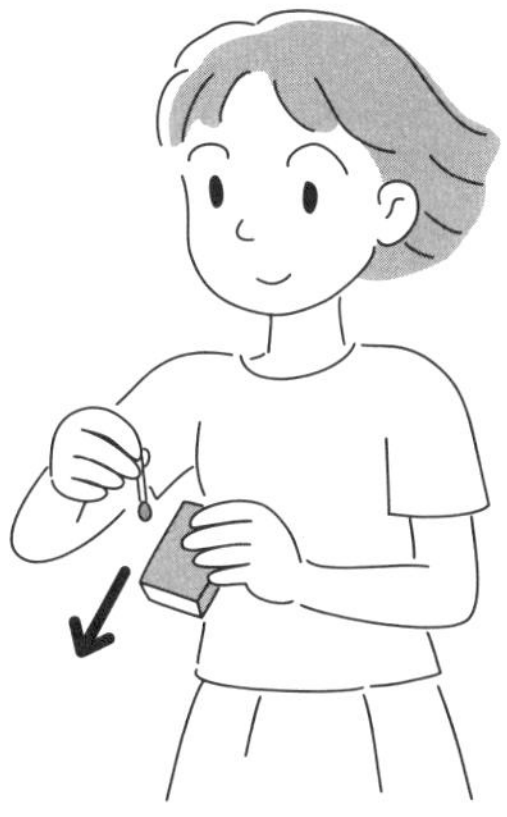

ふわっとサポート 184 火のつけ方のコツを伝授する

アルコールランプに火をつける際には、芯に直接火をつけるのではなく、芯のまわりに円を描くようにマッチを回すほうがスムーズにつきます。

ふわっとサポート 185 火の消し方を徹底させる

実験が終わって火を消す場合、キャップは真上からかぶせるのではなく、横からかぶせるようにします。また、キャップをしたあと、一度開けて再度閉めるという方法が確実なようです。

火を極端に怖がる子については、これらの作業はパスできるように、サインを決めておくとよいでしょう。

ふわっとサポート 186 ガラス器具の洗い方を指導する

力の加減が難しい子の場合、試験管を洗う際にブラシを力強く押し込みすぎて、突き破ってしまうことがあります。試験管ブラシの持ち方や洗い方のコツをていねいに教えてあげましょう。

天体への関心を引き出すために

ふわっとサポート 187 天体への関心をギリシャ神話で導入

子どもが天体に関心を持つ導入の仕方として、ギリシャ神話を取り入れる方法があります。図書館などで調べる活動をミックスすると、本好きの子はとても意欲的になります。これはかなり子どもたちに好評ですので、ぜひお試しください。

ふわっとサポート 188 家での観測活動は時刻も指示

天体観測の課題はたいてい2時間近くかかりますが、最近では、観測が深夜に及ぶ子もおり「寝不足になってしまった」などと保護者から言われることもあります。天体観測の開始・終了時間帯も大まかに設定しておくとよいでしょう。

ふわっとサポート 189 星の指導は林間学校で

天体観測についての指導は林間学校を活用するとよいでしょう。夏はペルセウス座流星群などを見ることができます。

理科の授業で大切なことは、事前にルールを確認させ、安全に配慮した上で、「徹底的に触れさせる」ことです。もちろん実験では「どんどん失敗してもいいんだよ」「失敗から学ぼう」と教えることが重要になります。そして、先生の授業の工夫によって、サプライズと感動を提供してあげてください。発達障がいを持つ子は「すてきなサプライズ」が大好きです。
現在高校生のミノルさんは、中学のときの担任の先生との出会いが自分を変えたそうです。担任は理科の先生で、やさしくて、しかも授業がとても魅力的だったので、理科が大好きになり、学習意欲も徐々に高まっていったと熱く語ってくれたのでした。こんなステキな先生との出会いが、多くの子どもたちに訪れるといいですね。

69 サッとツール　割れないカバーガラス

顕微鏡での観察で対物レンズを近づけすぎ、ついうっかりプレパラートのカバーガラスを割ってしまうことが！　１枚くらい、と思いきや、あちこちでパキパキされてしまうと、実験も進まなくなってしまいます。

そんなときは、ＯＨＰフィルムをカバーガラスのサイズにカットして使うのがオススメです。このシートをプレパラートの端からすっと載せれば空気も入りません。

70 サッとツール　メダカ観察ケース

メダカの観察時は、水槽で泳ぎ回るメダカを目で追いかけてその特徴をとらえ、スケッチしたりしなくてはなりません。これはどの子にとっても難しい作業です。また、一つの水槽を囲んで子どもたちが頭をぶつけ合いながら「見えないよ」「どいてよ」などとトラブルになることもあります。ですから、このようなケースが数個あると非常に便利です。

カセットテープのケースを二つに分解し（下の右写真）、向きを変えて合わせ、透明なテープを丹念に貼ってくっつけます（左写真）。水を入れてみて、漏れるようならさらにテープで補強してください。

これを使うと、メダカの動きが制限されるので、見やすい上に、いろいろなアングルからの観察が可能です。また、トラブルも避けられ、一石二鳥です。（ただし、ケースは倒れやすいので、メダカを苦しい目にあわせないよう、慎重な扱いを指導してください。）

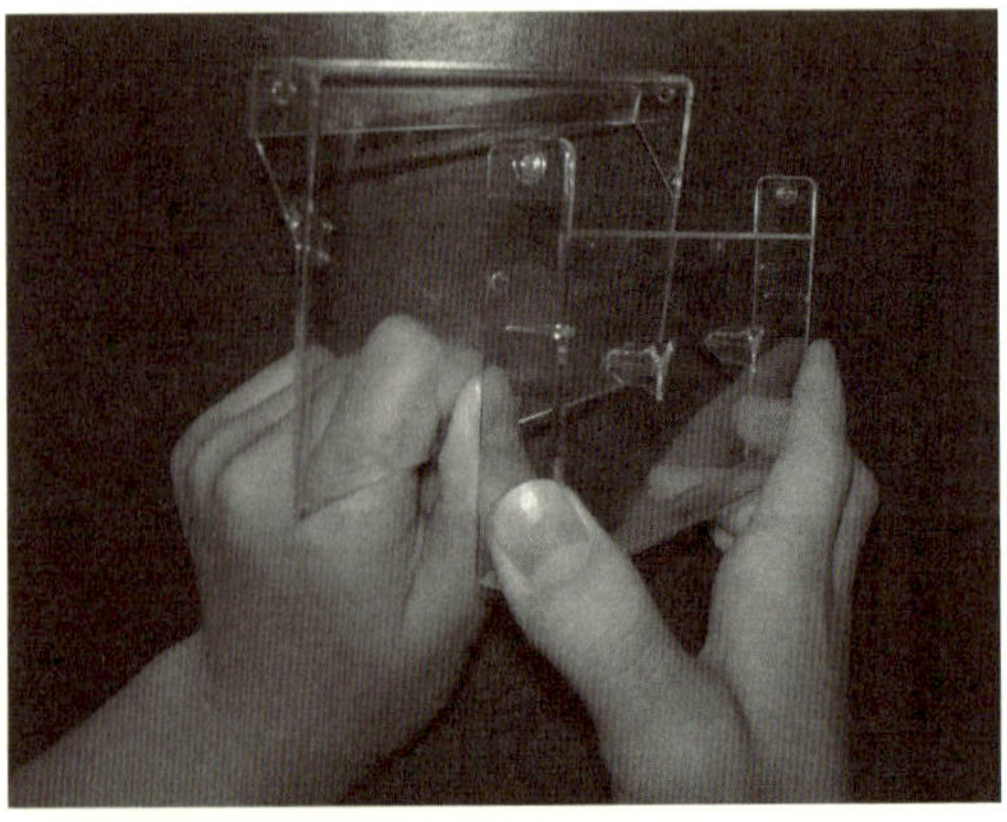

メダカ観察ケース

社会の支援

ここまでやるか！　社会

社会の授業は、工夫もいろいろ、掘り下げ方も様々ですから、先生方のカラーが際立つ授業と言えます。どのようなイベントやツールで子どもたちをひきつけるかで、その先生らしさが如実に現れます。

そして、「すごい、ここまでこだわるの？」と思わせる、達人先生に出会うことも。そのような先生の、プロとしてのこだわりと授業を楽しむ姿勢は、発達障がいを持つ子には、とてもよい刺激になるようです。

〈地域・くらしの学習〉
地域や家庭と連携して

ふわっとサポート 190　地域の人材マップをつくる

地域には、「地元の歴史ならAさん、お茶に関してはBさん、地場産業についてはCさん……」など、すばらしい達人が必ずおられるので、協力していただける方に了解を得て、地域の人材マップを学校でつくっておきましょう。最近は地域の方と触れ合う機会も少なくなっていますし、先生以外の方から教わるという「いつもと違うこと」が大好きなタイプの子もいますから。

ふわっとサポート 191　お茶を点てて飲む

所沢市は「狭山茶」が身近にあり、学校でもお茶を栽培しています。地域の学習だけでなく、室町幕府の学習のあたりでも導入できますが、校内の畳の部屋で、お茶を点てて飲むイベントをします。地域の方を講師に招きお茶を点てていただくのもオススメです。

ある学校で保護者にも協力をお願いしたところ、傘を立てたりもうせんを敷いたりして、凝った演出をしてくださいました。みんなが協力して楽しめる授業はいいですね。

ふわっとサポート 192　生活に密着した学習を

「ゴミの処理と再利用」の学習では、次頁のシートを使って、１週間の家庭のゴミを調べる形にしました。ゴミを持っ

「ゴミの処理と再利用」の学習シート

ゴミの処理と再利用

4年　組(　　　　　)

家から出るゴミのしゅるいと、量を調べよう

1週間分・月曜日～金曜日

	月	火	水	木	金
ゴミのしゅるい					
量の多さ					

ゴミを持っていく場所

調べたかんそう

て体重計に乗りゴミの重さを量ったり、毎朝ゴミ出しを手伝ったりして、「ゴミ問題」を身近に考えてもらいました。

ふわっとサポート 193 新聞記事をストックしておく

どのような資料を選んで授業を行うかにも、先生の個性が発揮されます。とはいえ、急に資料を探すのは大変です。そこで、日頃からアンテナを張って、使えそうな新聞記事などをストックしておくとよいでしょう。

ところで、最近は新聞を取っていない家庭が増えているという話をよく聞きます。子どもに新聞を持って来させるのも難しい時代になったようです。

ふわっとサポート 194 パソコンですぐに検索させない

何か調べるとき、インターネットは本当に便利ですが、授業では、まずは辞典などの本で調べさせ、パソコンで検索する内容を絞り込ませることが大切です。安易にパソコンに任せない指導が、「学び」を深めます。

また、パソコンで得た情報の中には、正確でないものもあるということを子どもたちに教えておく必要があります。

＜地理＞ 地図帳や都道府県に興味を持たせる

サッとツール 71 日本地図のパズル

特に発達障がいを持つ子の場合、パズル好きの子が多いので、とても有効な支援です。

ふわっとサポート 195 県名などは歌で覚える

ドラえもんの主題歌を替え歌にしたり、「ロックンロール県庁所在地」（森高千里）などの歌で覚えさせます。

サッとツール 72 地名探しゲーム

教師が、黒板に地名を書きます。子どもたちはいっせいに地図帳を開き、その地名の場所を探し出します。みんなで探したあとで、先生がその地域の説明をします。さらにその地域の写真などを見せると効果的です。

73 サッとツール　八方位シート

黒板に地図を貼ると同時に、左の「八方位シート」を示して、視覚的に強調します。

八方位シート

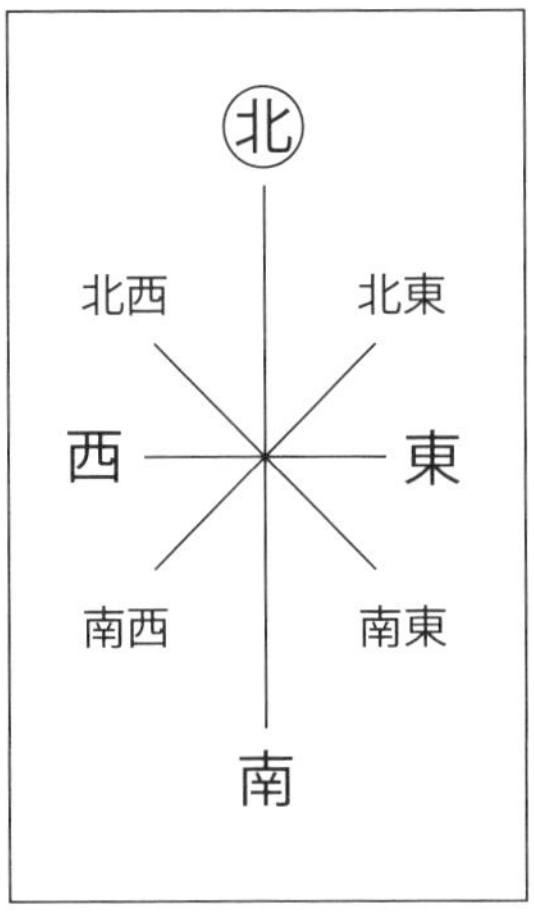

ふわっとサポート 196　宅配便を利用して地方の特産物などに触れさせる

西埼玉ＬＤ研究会の白倉先生や佐々木先生は、ご親戚に頼んで地方の特産物などを送ってもらい、子どもたちに触れさせています。

すごいのは、時間指定の宅配便を使って、新潟の雪を送ってもらい、雪が層になっている様子を子どもたちに見せてあげたことです。まさに「そこまでやるか！」ですね。

〈歴史〉体験から思考を促す

ふわっとサポート 197　土器をつくる

土器を実際につくってみる学習で、市販の野焼き用粘土を使わず、わざわざ山から土を取ってきて粘土をつくるところからこだわる先生がいます。地元で取れた土から土器をつくるのはインパクトがありますね。

ふわっとサポート 198　実物大の大仏をつくる

新聞紙や厚紙で、実物大の大仏（平面ですが）を製作します。ある先生は、子どもたちがつくった大仏を実際に校舎の屋上から下げてくれました。子どもたちは感動と達成感でとてもいい表情をしていました。このようなダイナミックな経験はたぶん一生忘れないことでしょう。

また、螺髪一つの大きさを調べてみるだけでも、それを６００以上持つ大仏の頭部がいかに大きいかが推測できます。もちろん、大きさを知るのが最終目標ではありません。「こんな大きいものをどうやってつくったのか？」「どんな思いでつくったのだろう」「これだけのものをつくらせる力は何だったのだろう」と、歴史に思いを馳せるための「ツール」にするのです。

ふわっとサポート 199　寸劇にしてみる

授業の後半15分くらいを使って、例えば「大化の改新」など、歴史的な事件をアドリブ劇にするとおもしろいです。

あるいは、先生がインタビュアーになり、それぞれが役になりきってコメントする、という方法もあります。

自分の考えを述べるのはあまり上手ではなくても、「歴史上の人物になりきれる」という意外な才能を発揮する演技派の子もいます。アドリブやその人の気持ちになるのが苦手なタイプの子については、台本をつくっておいてあげるとよいでしょう。

ふわっとサポート200

歴史の巻物をつくる

戦国時代、江戸時代など、各時代についてまとめた新聞をつくる、という方法はよくとられますが、「衣服の歴史」「農耕具の変化」「時代を象徴する人物」などテーマを数個に絞り、調べたことを縄文時代から順につないでいき、1年間で一巻の巻物に完成させる学習もあります。時代を点でとらえるのではなく、連続した流れとして把握するのに役立ちます。

調べ学習・グループ学習で気をつけたいこと

調べ学習やグループ学習の際には、まず先生の側に「なぜその点を掘り下げるのか？」「子どもたちに何をつかんでほしいのか？」が、しっかりと打ち立てられていなくてはなりません。単にパソコンで得た知識などを発表させるだけでは、「学び」は深まりません。

グループごとに勝手に調べさせるのではなく、先生がさりげなく方向づけてあげることも大切です。また、国旗や地図、電車、歴史などに強い関心と知識を持っている子がいたら、うまく導いて、発表の場で活躍してもらいましょう。

それでももし、子どもたちの発表内容が薄く、先生の望むレベルでなかったとしたら、子どもを責める前にまず、授業内容を再検討してみましょう。

また、グループで話し合って一つの答えを発表させるとき、正答を導き出すことを先生が追求しすぎてしまうと、間違った方向性を主張した子を他の子たちが責めたり、グループ同士が張り合って険悪になったりと、子どもたちの仲がギクシャクしてしまうことがあります。何のためのグループ学習なのか、学年でよく話し合っていただきたいと思います。

社会科はただ淡々とこなしていくことも可能な教科かもしれませんが、調べることで何かにたどり着き、子どもが変わる、それが「社会」の醍醐味なのです。

74 サッとツール

等高線モデル

等高線モデルと次頁のワークシートを使って、左の写真のような地図の表し方を学びます。

さつま芋を使って立体モデルをつくることも検討しましたが、やはり長持ちするという点から、発泡スチロール製の立体モデルを使用しています。

平面図

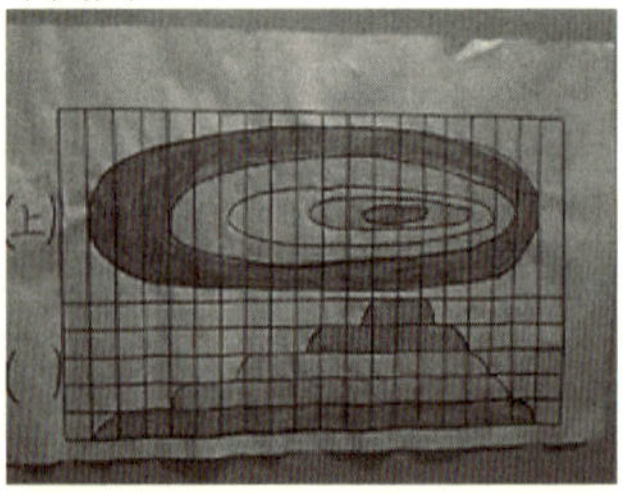

立体モデル

（資料教材など　西埼玉ＬＤ研究会・小暮洋子先生作成）

4年社会　地図を開いて①　　　4年　組（　　　　　　　　）

☆方向の表し方

・3年生で学習した、四方位の他に

その間を表す（　　　　　）があります。

今までよりたくさんの方位が表せます。

・地図では、上が（　　　）になります。

☆土地の高さの表し方

・海面からの高さが同じ所を結んだ線を

（　　　　　　　）といいます。

・重ねて、上から見た図と、横から見た図をかいてみよう。

・線と線の間

広いところ

せまいところ

☆地図の表し方で、わかったことを書こう

4年社会　地図を開いて②　　　4年　組（　　　　　　　　）

☆距離（きょり）の表し方

・実際のきょりをしめすものさしがあります。これを、（　　　　　　）といいます。

＊コンパスで、はかっていきます。地図を見てやってみましょう。

＊教科書　P145，146をやってみよう。

☆地図記号もたくさんあります。

・何の記号か調べよう。

☆地図の中の、色は、意味のある記号です。

☆このほか、地図には、色々な表し方があります。調べてみましょう。

音楽の支援

「音が苦（おんがく）」にしない授業

音楽は、①目と手の協応動作に苦手感がある、②指をスムーズに動かすことが苦手、③聴覚過敏がある、といった特徴のある発達障がいを持つ子にとっては、大変つらい、苦しい授業になりやすいのです。音楽室に行きたがらない子の背景には、このような要因も大いに考えられます。そこで、音楽の授業での「構造化」について考えてみたいと思います。

音楽室の構造化

下の写真は、音楽室全体の様子です。

音楽室の様子

椅子の足にテニスボール

75 サッとツール

テニスボール

椅子を引きずる音刺激を削減するために、テニスボールを椅子の脚につけています（右の写真）。テニスボールに穴を開ける作業がけっこう大変なので、ぜひ校内の先生方の手を借りましょう。

注1　ただし、椅子によっては、テニスボールを取り付けることができないものもあります。

注2　テニスボール内に微量に含まれる化学物質への過敏症が心配される場合は、次のＨＰをご参照ください。

http://www.sports-eco.net/kibou/warning.html

ふわっとサポート 201 座席を確認できるようにする

自分の席を色と番号で確認できるよう、前頁下段の写真に大きな矢印で示したように、椅子の下の床に列ごとに色分けした番号のシールが貼ってあります。色画用紙に番号を書いて、その上から「Bコート」という透明シールを貼っています。

音楽室では、大きな楽器を使うこともあるので、音楽室を広く使用するために椅子を移動できるようにしてあります。椅子を元の位置に戻すときにも、この番号は目印になります。

番号が剥がれかけていたら、すぐに新しいものに取り替えることができるよう、番号が書かれていない予備のシールを常に数枚用意しておくといいでしょう。

76 サッとツール 音楽室版「声のボリューム」

「サッとツール23」でご紹介した「声のボリューム」（34頁参照）の音楽室版が、「♪音楽室　声のものさし」です。

音楽室版の特徴は、例えば校内音楽会など合唱の発表が近い場合は、「4（体育館に響き渡る声）をめざして歌おう！」などと子どもたちに声かけできる点です。ただ「大きな声で！」と声をかけるよりも、より具体的に示してあげられるわけですね。

また、新しい曲に取り組むときに、CDなどで範唱を聞くことがあります。その曲を知っている子どもは、どうしてもCDに合わせて大きな声で歌ってしまいます。しかし、その歌声がその曲をまだ知らない子どもが聞く妨げになってしまうこともあるので、「この曲を知っていても、今は1（自分だけに聞こえる声）または2（隣の友達に聞こえる声）の声で歌ってね」と声をかけます。

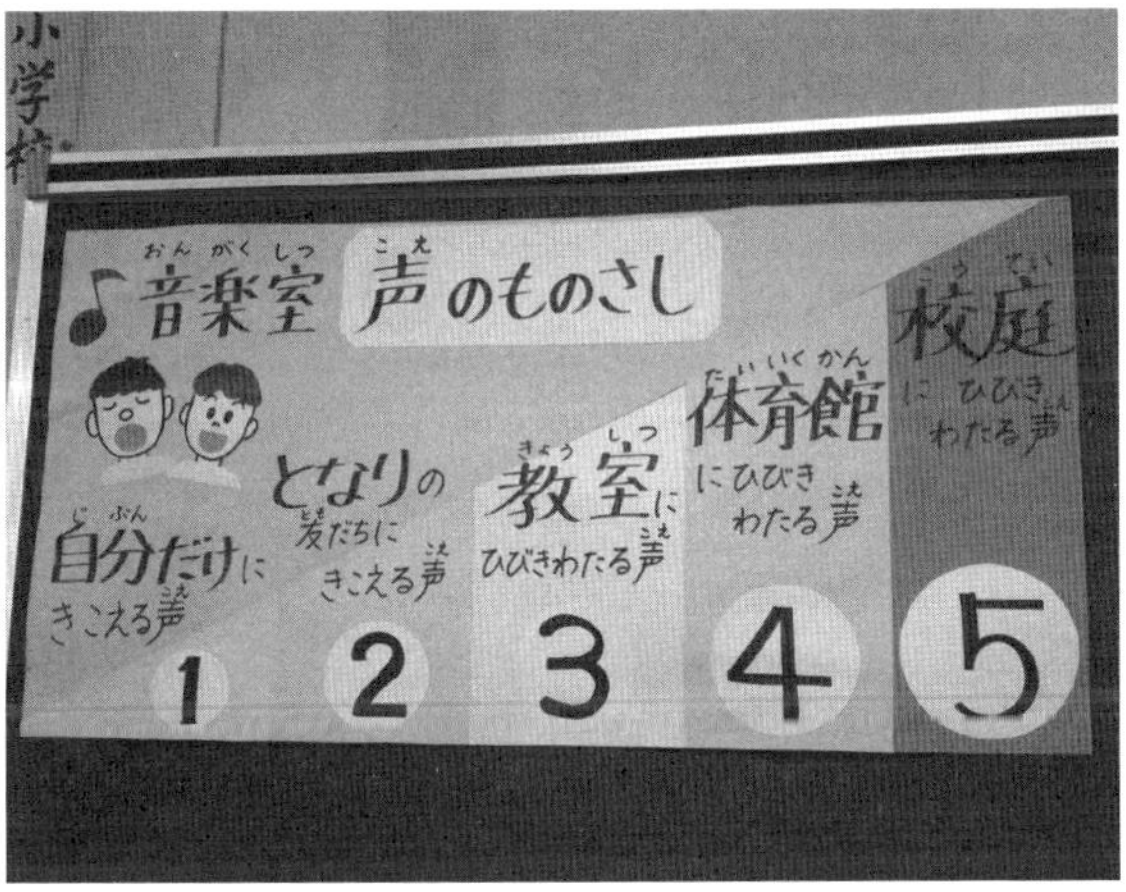

♪音楽室　声のものさし

ふわっとサポート 202 見通しを持たせる掲示

子どもたちに少しでも見通しを持って授業に取り組んでもらえたらと考え、次頁右上の写真のように、その時間の授業のおおよその内容を黒板に提示しています（これは小学校3年生の授業内容です）。同じ学年でもクラスによって進度が違う場合もあるので、休み時間の間に貼り替えます。

掲示用の用紙コーナーには、学年ごとに色分けしたかごに、用紙が入れられています。左のかごから3年、4年、5年、6年となっています。いちばん右のかごの中には、各学年共通に使用する用紙などが入っています。例えば、「合奏の練習をします」「曲の感じをつかもう」などです。

掲示用の用紙コーナー

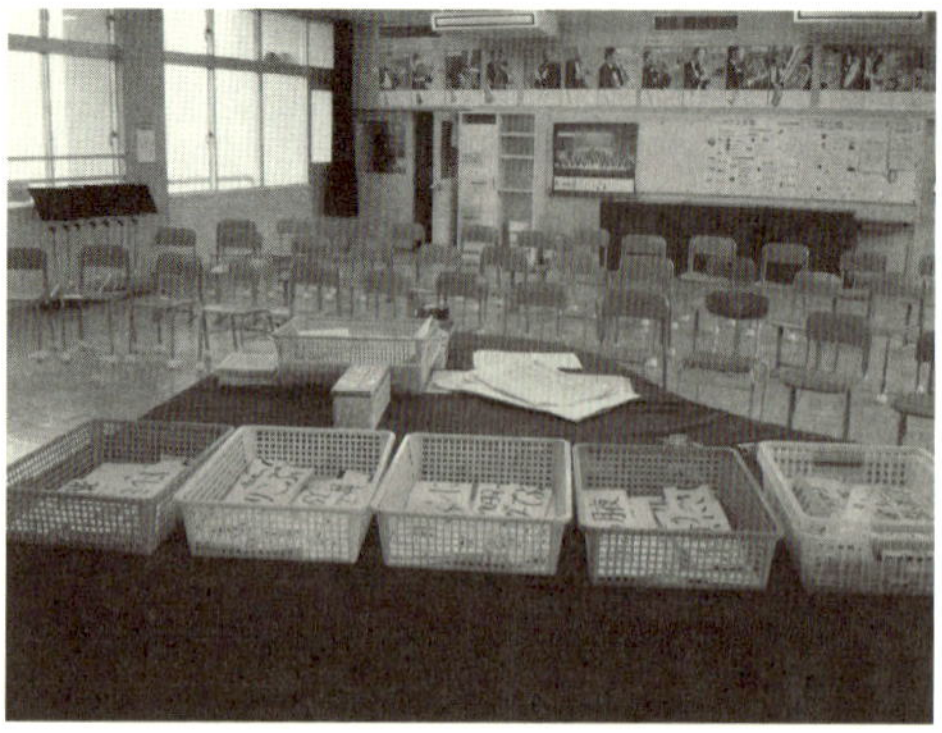

見通しを持たせる掲示

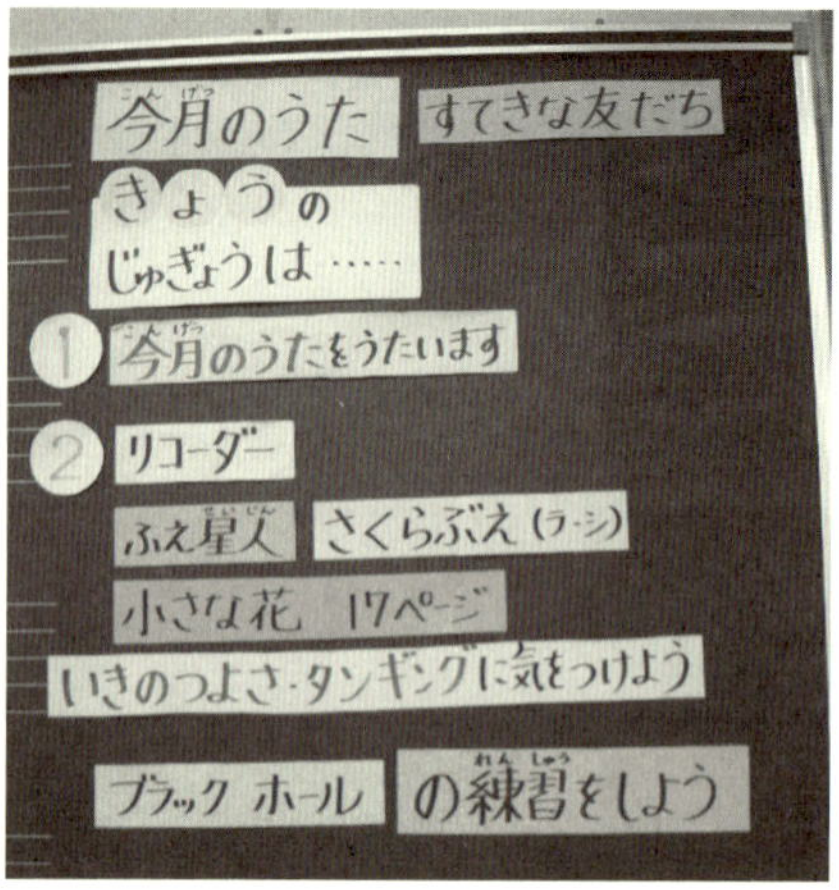

77 サッとツール
リコーダー穴ガード

リコーダーは、鍵盤ハーモニカと違って、①目の前に置いて演奏できない、②左手から練習が始まる、③指の腹をしっかり穴に押し付けなくては正しい音が出せない、楽器です。

指押さえをしながら、息の調節をしなければならないので大変ですし、子どもの指が細いと、息が洩れやすくいい音が出せないものです。そこで、リコーダーの穴に、左の写真のように穴ガードを貼ってあげましょう。

つくり方は簡単です。まず、水道用の水漏れテープを丸く切ります。そして、穴開けパンチで穴を開け、リコーダーに貼り付ける、ただそれだけです。

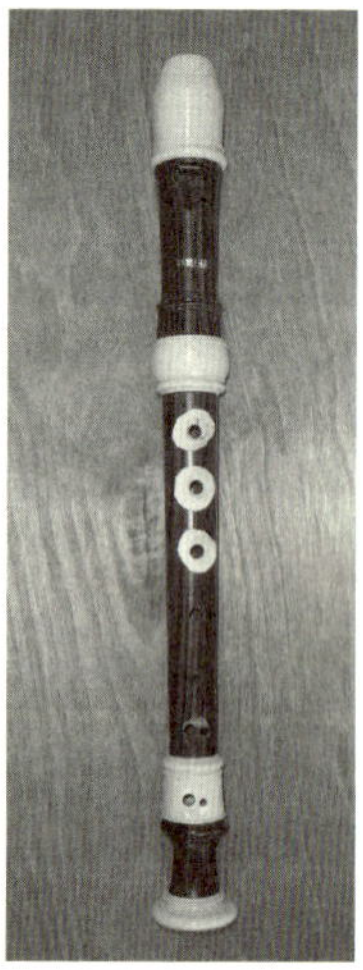

（西埼玉ＬＤ研究会・佐々木仁子先生考案・作製）

ふわっとサポート 203
特別エリアをつくる

大きな木琴や鉄琴は、子どもたちのあこがれです。目の前に置いてあれば「弾いてみたい！」と思うのは当たり前。少しでも楽器が見えないようにカバーをかけたり、準備室にしまったりしている先生方もいらっしゃることでしょう。

そこで、右の写真のように大きな木琴・鉄琴の置き場所に黄色のビニールテープで目印を付け、さらにその外側を青いビニールテープで囲んで、「先生のエリア

特別エリアをつくる

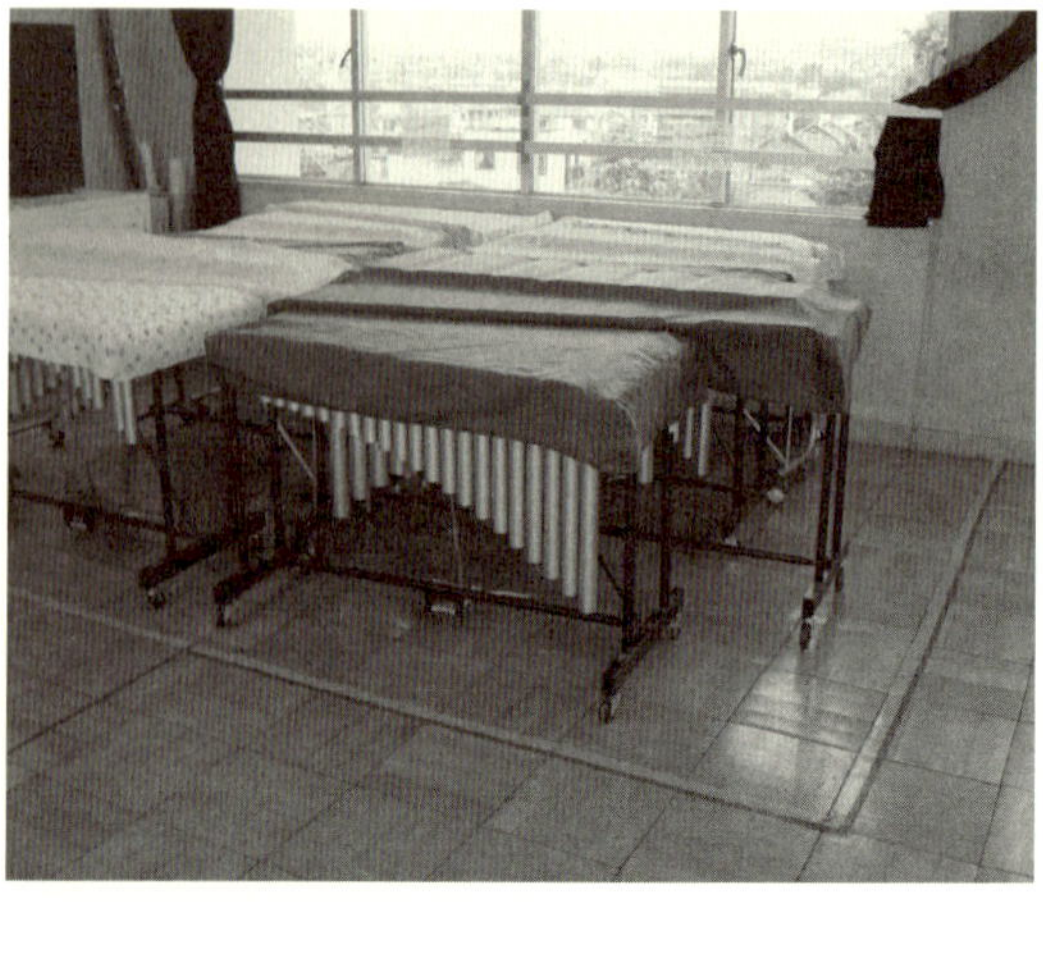

（領域）」としています。このエリアには、子どもたちは入ってはいけない決まりになっています。もちろん楽器を片付けるときは例外です。

78 サッとツール　ウェイティングゾーンと整理券

リコーダーの学習では、先生が1人ずつの演奏を聴き音色をチェックしなければならない機会がよくあります。

下の2枚の写真は、先生に演奏を聴いてもらう子の立ち位置（写真の①）を、すぐ前と離れたところから撮影したものです。①は青い足形になっています。また、②は次に演奏をする子の立ち位置で、③はその次の子の立ち位置と決めてあります。②と③は赤い足形になっています。

順番を待つうちに、どうしても前に寄ってくる子どもが多く、演奏している子の顔をのぞき込んで気を散らしてしまうなどのトラブルも多かったため、このようにしました。4番目以降の子どもたちは、先生に演奏を聴いてもらえる「整理券」を持って、各自の座席でリコーダーを練習します。

79 サッとツール　リコーダーの穴カード

リコーダー指導の導入では、リコーダーの穴（ホール）をきちんと指でふさぐ、ということをしないとまったく違う音になってしまう、という指導を行います。

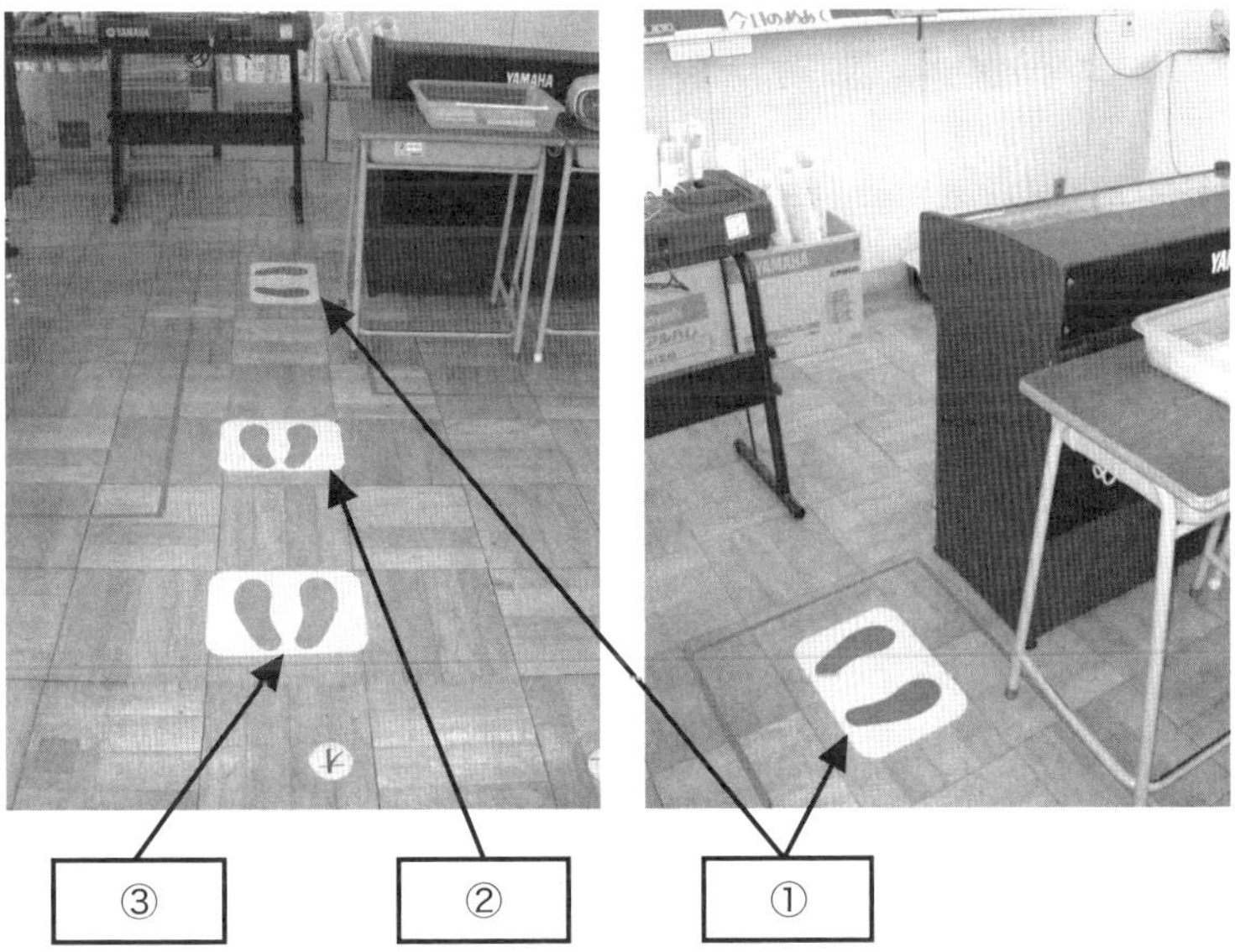

ウェイティングゾーン

リコーダーの穴カード

①「これはリコーダーの穴です」

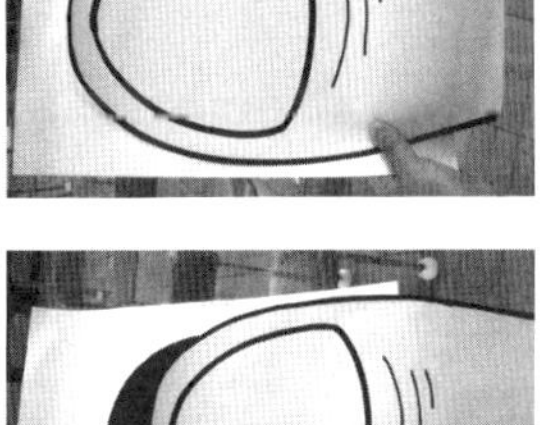

②「穴を指できちんとふさぐと正しい音が出ます」

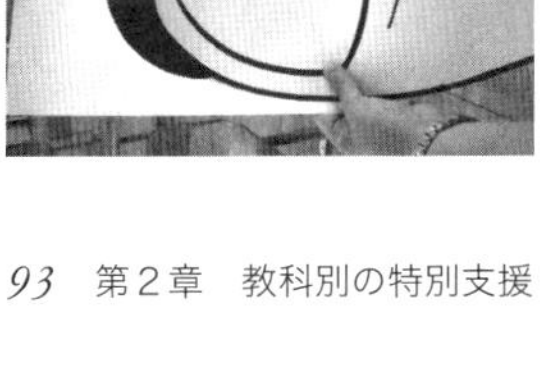

③「でも、穴が少しでもふさがっていないと、まったく違う音になってしまいます」

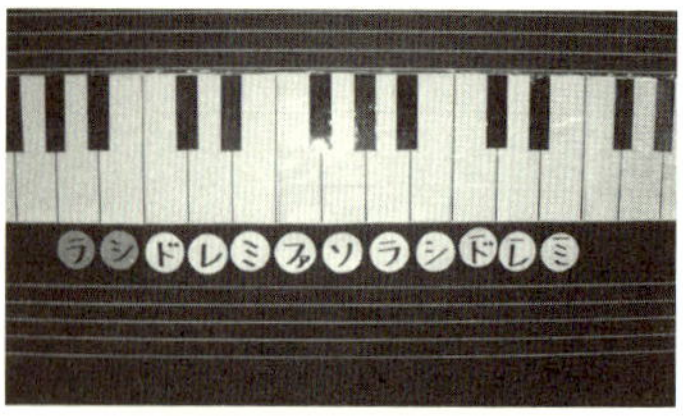

鍵盤ハーモニカ用掲示シート

80 サッとツール

鍵盤ハーモニカ用掲示シート

子どもたちが持っている鍵盤ハーモニカの鍵盤数に合わせて（白鍵・黒鍵合わせて32鍵）、掲示用の鍵盤をつくります。

よく使う中央部のド～シは丸く切った黄色の画用紙で掲示し、中心のドより低い音はオレンジで、高音のドレミ…は字の上に棒線を引き高い音であることを表して緑で掲示しています。これらの画用紙には裏に小さなマグネットが貼ってあるので、他の様々な指導場面でも使えて便利です。

「今月の歌」シート

81 サッとツール

「今月の歌」シート

各学級でも歌えるような曲を「今月の歌」として設定し、音楽朝会のある月には、体育館で全校合唱します。授業のはじめに、この「今月の歌」を歌って雰囲気づくりをして、それから各学年やクラスごとの内容に入っていく、という流れにします。毎月の「今月の歌」は、歌詞を模造紙に大きく手書きして掲示しておきます。

「小学校で音楽を教え始めて十数年……この手書きの模造紙（右の写真）は、私のひと財産になりました」と、感慨深そうに語る音楽の先生もいらっしゃいます。

私（阿部）は、発達障がいを持つ子にとって、音楽の授業は大変つらいことが多いのではないか、と考えています。それなのに、特別支援教育の研修会などでは音楽の先生をあまりお見かけしないような気がするのは、私の思い過ごしでしょうか？

子どもたちに音楽の授業をもっと楽しませてあげるためにも、そして、先生方ご自身にとって指導しやすい環境をつくるためにも、このような配慮や工夫をしてくださる音楽の先生が増えてくれることを願っています。

82 サッとツール
リコーダーシール

リコーダーの練習時は、運指表と五線譜を見比べながらの演奏が必要です。しかし、発達障がいのある子はそのような同時処理を苦手とする子が多いため、その二つを目で追っているうちに、自分がいま演奏している個所を見失ったり、いい音色を出すことがおろそかになったりしてしまうのです。

そこで、このシールを作成しました。これは、運指表を教科書に直接貼れるサイズに縮小して、シールにしたものです。これを使うと、

①別のページの運指表と見比べなくてもよい
②音符のすぐ下に対応する運指表を貼り付けられる
③シールになっているので、扱いが簡便
④誰でも使用することができる
⑤安価である
⑥先生が前もって印刷したり、糊付けしたりしなくてもよい

と、たくさんのメリットがあります。

実際に使用した子どもたちからは、「いちいち違うページをめくらなくてもいいので練習しやすい」「音符のすぐ下に指使いが貼ってあるのでわかりやすい」「家で練習するときに、お母さんに見てもらえる」「練習するのが楽しくなった」と大変好評でした。

※この「リコーダーシール」は、このたび商品化されることとなりました。お問い合わせは「小山日進堂」まで。
http://www.nissindo.com/

(西埼玉LD研究会・佐々木仁子先生考案・作製)

リコーダーシール

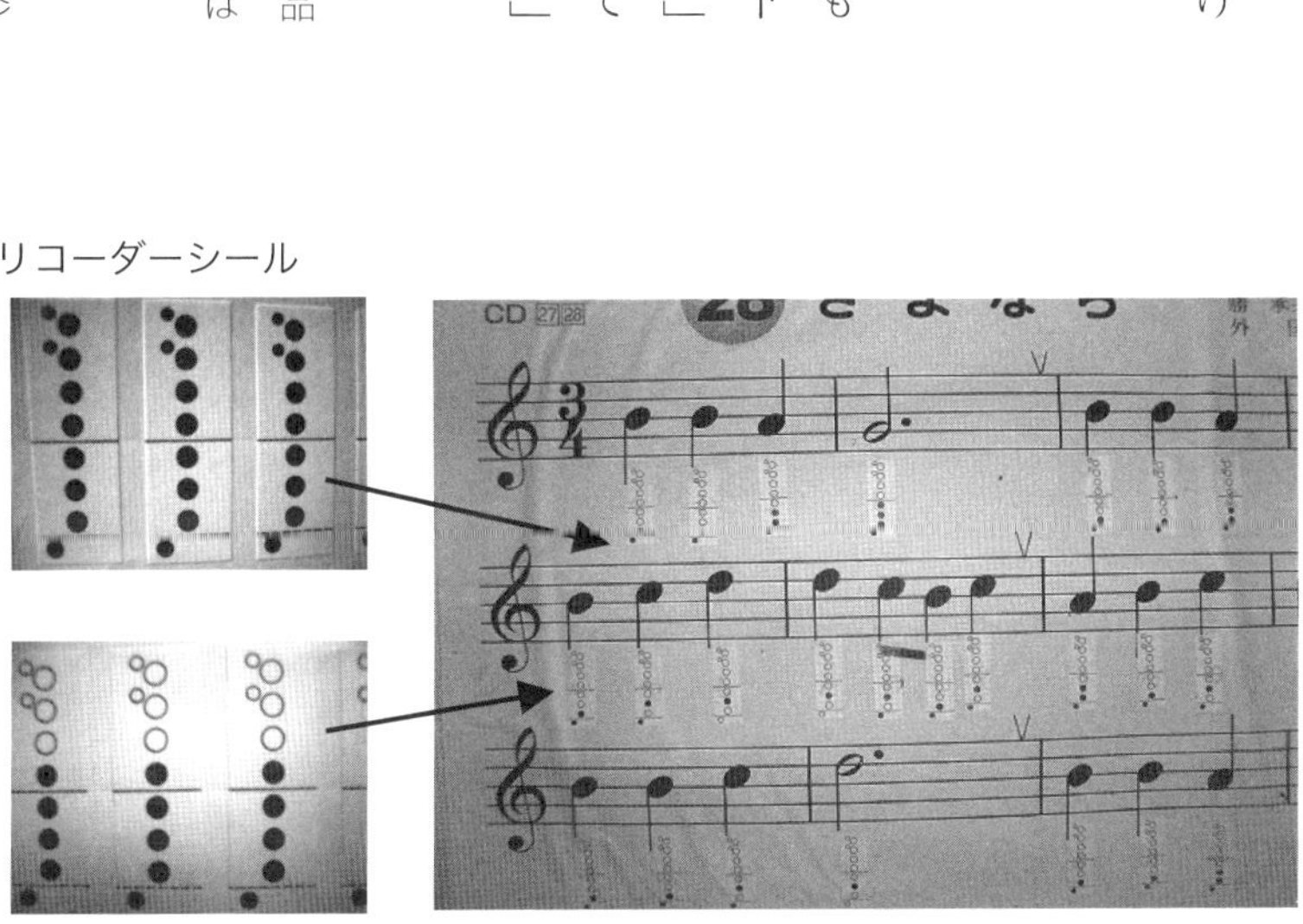

図工の支援

子どもの「思い」をふくらませる

いつもは話を聞くのが苦手でも、国語や算数などの学習で先生の話を「聞く」ことと、図工で「聞く」ことには違いがあります。

国語や算数は、先生の話を正確に聞きとる必要がありますが、図工の場合は、子どもが先生の話を聞いて「自分の思い」をふくらませていくことが目的なのです。それに、図工では「正しい絵」も「間違った絵」もありません。ですから、たとえ勉強に自信がない子でも、先生の話を聞くことができるのです。

図工の授業は、子どもたちが特定の価値観から解放されて自由に取り組める時間です。また、発達障がいを持つ子の中には、抜群のセンスですばらしい作品を私たちに見せてくれる子もいるのです。

事前準備で八〇%は決まっている

図工の先生は、授業の導入、さりげない声かけ、盛り上げ、ムードづくりなど、大変細やかに工夫なさっているようです。しかしいちばん重要なのは、事前の準備であり、必ず先生があらかじめ自分で作品をつくってみることなのです。実際に自分でつくってみると、その子の間違えそうな点に気づくこともできます。

先生が見本をつくっておいてあげることで、イメージが湧きにくい子もそれをお手本とすることができますし、具体物を見せることで、子どもの「つくりた～い」という思いをふくらませることができるのです。

基礎的なトレーニングから始めましょう

「つくりたい」という思いがふくらんでも、なかなか取り組めない、思うように手が動かない、ということが最近の子どもたち全般に言えるのではないでしょうか。

というのも、就学前に、はさみを使ったり、粘土をいじったり、絵の具で絵を描いたり、という経験がとても少なくなっているのです。ですから、そこから指導していかないといけません。やはり、小さな頃からビデオ、ゲーム、パソコンなどで遊ぶことが中心になって、遊びのレパートリーが少なくなっていることにも課題があるように思います。

一時「ぬり絵」は教育によくない、という説がありましたが、特に手の巧緻性に課題がある子などにとっては、「ぬり絵」や「点つなぎ」などに楽しくチャレンジしておくことはとても大切になってくるのです。

そこで、雨の日の休み時間などをねらって、西埼玉ＬＤ研究会の先生たちはこんな取り組みをしています。

ふわっとサポート 204　色塗りのトレーニング

たくさんの風船、キャンディ、こんぺいとうなどが描いてあるプリントを用意します。最初は大きめの風船の色塗りから始め、キャンディ、こんぺいとう……と色を塗る部分を小さくしていきます。

はさみの使い方の指導

ふわっとサポート 205　はさみの刃にシールでポイントを

はさみを使うのが苦手な子は、はさみの刃の先端だけでちょこちょこ切っているため、断面がだんだんギザギザに曲がってしまうことがあります。そこで、はさみの奥まで紙を入れることを意識できるよう、左の写真のようにはさみに「ここまで紙を入れるよ」というポイントを示すシールを貼っておくようにします。

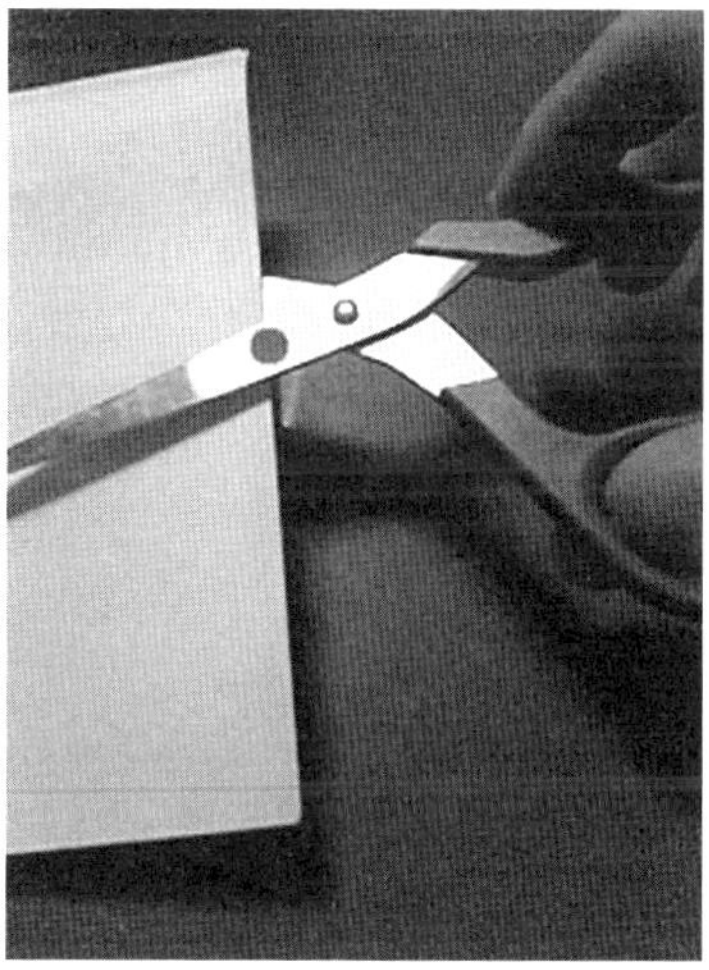

サッとツール 83　切り抜き用チラシ

捨ててもいいチラシなどをたくさん用意しておき、その写真の中の「指輪」や「車」「ポケモン」といったものを切り取らせます。雨の日、休み時間などでも遊べるのでオススメです。

ふわっとサポート 206　「へび」をつくろう

広告にはさみを入れて、「へび」をつくってもらいます。紙を回しながら、はさみを入れていく練習です。どれくらい長くつなげて切れるか、チャレンジさせます。

ふわっとサポート 207　「あら裁ち」をしておく

「ふわっとサポート206」で練習した「紙を回しながら切る」というような作業を、授業中にやりとげることがどうしても難しそうな子には、あらかじめ用紙の周囲をカットして、切りやすいようにしておきます。

ふわっとサポート 208　切り取り線を太くする

また、図形などを切り抜くときには、ラインをマジックでなぞって太くしてあげると、切りやすくなります。

ふわっとサポート 209 粘土のトレーニング

子どもたちに粘土で、例えば「人間」をつくらせると、粘土板の上に寝ているような二次元の平べったい「人間」になってしまうことがよくあります。なかなか立体にできないのです。

そこで、形をつくりだす練習を、①から順番にします。

①長いヘビをつくる
②三角おにぎりをつくる
③大きい玉をつくる
④小さな玉をたくさんつくりだす

ふわっとサポート 210 絵筆の使い方を楽しく指導

大きく筆を使う場合は「クマさんが歩いた」、筆の先を使い細かい作業をする場合は「ねずみさんが歩いた」といった練習で感覚をつかませます。また、ライオンの顔が描いてあるプリントに、太い筆を使って「たてがみ」を描かせ、筆の感覚をつかませる方法もあります。

ふわっとサポート 211 絵の具の出しすぎを予防する

さて、私が巡回相談で学校を回っていると、「真っ黒くなってしまった」絵をよく見かけます。1枚の絵の中にいろいろな色を自由に使いすぎて、結果的に暗いトーンの絵になってしまうのです。

そこで、絵の具は「米粒」大の量を出させる、パレットに広げるときは五百円玉サイズまで、と視覚的なイメージがわくような声かけをします。例えばこんなふうに。

「絵の具はチョン『こめ』、こねて五百円」「絵の具はけちりましょう」

出しすぎてしまった場合は、絵の具をティッシュでふきとるようにします。

ふわっとサポート 212 「水にも色がある」と教える

絵の具を使いすぎてしまう子には、画用紙に筆でさっと水をつけて見せてあげます。そして「ほら、水にだって色があるんだよ」と教えてあげると、絵の具に対する「思い」が広がります。

ふわっとサポート 213 筆洗いバケツに「神聖な場所」を

筆洗いバケツは、いくつかのブロックに分かれています。その一つを「神聖な場所」として、そのブロックの水はきれいなままにしておくように指導します。

ふわっとサポート 214 バケツに水位のラインをつける

ふわっとサポート 215 「小さな部屋」と「広場」

パレットの小さく仕切られている部分を「小さな部屋」、大きい部分を「広場」と命名して意識させます。

ふわっとサポート 216 言葉かけで具体的なイメージを持たせる

絵を描きなれていないと、どうしても小さく、チョコチョコっとした作品になりがちです。そこで、具体的な言葉で支援します。

例えば次のような声かけをします。

「顔を描くときは『グー（握りこぶし）』

より大きくね」

ふわっとサポート 217

時には画用紙をその子に合わせる

発達障がいを持つ子の芸術センスはすばらしく、私たちの固定観念を打ち破る作品も生まれます。「ノッてきた」子は、例えば画用紙1枚におさまりきれず、はみだしてしまうパワフルな絵を描きます。そんなときには、画用紙を継ぎ足してあげましょう。

反対に、とてもステキな絵や精密な絵なのに、画用紙の隅に小さく描いてしまうような場合には、画用紙のまわりを切って、色画用紙で台紙をつけてあげると、よりいっそう引き立つでしょう。

84 サッとツール　両面テープ

紙などを接着する際、糊を使うとあとで乾いて剥がれてしまい、せっかくの作品が壊れてしまう場合があります。部分によっては、糊の代わりに「両面テープ」を使わせてあげると壊れません。

85 サッとツール　手鏡

「顔」を描かせるときには、百円均一ショップなどで「手鏡」を購入し、実際に自分の顔をじっくり観察できるようにしましょう。

86 サッとツール　モデル人形

子どもたちに「人」を描かせると、「直立した人」「硬直した人」「腰から手が出ているような人」などが登場します。

そこで、モデル人形にポーズをとらせ、

モデル人形

「今日は一人くらい走っている人も描いてね」などと言って、難しいポーズにもチャレンジさせると、表現の幅も広がります。

他にも、いくつかお役立ちツールをあげてみましょう。

87 サッとツール　一枚切りカッター（ミドリ）

紙が1枚だけ切れるようにつくられているので、危なくありません。

88 サッとツール　ユニバーサルデザインはさみ

多くの会社からいろいろなデザインのはさみが出ています。少ない力で切れるもの、握りやすいものなど工夫も様々です。

89 サッとツール　色が付くスティック糊

どこまで糊を付けたかが色で判別できるので、糊がはみだしてベタつくことがなく、使いやすいです。

90 サッとツール
使い捨ておしぼり

コンビニでお弁当を買うともらえるような使い捨ておしぼりをためておいて、手をひどく汚している子にさっと渡せば、手を洗うために席を立たせなくてもすみます。出歩かせて集中力を途切れさせずにすむし、作業時間もムダにしません。

91 サッとツール
スプレー糊

広い部分に、あっという間に薄くまんべんなく糊をつけることができます。

92 サッとツール
あのときの「写真」

例えば、遠足での思い出を描きましょう、と言われてもなかなか場面が想起されない子が多くいます。そこで、遠足時の写真を用意しておいてあげて、それを見て描いてもいいことにします。この支援によって、

「生まれて初めて絵が描けた！」

と、大喜びしてくれた子がいました。

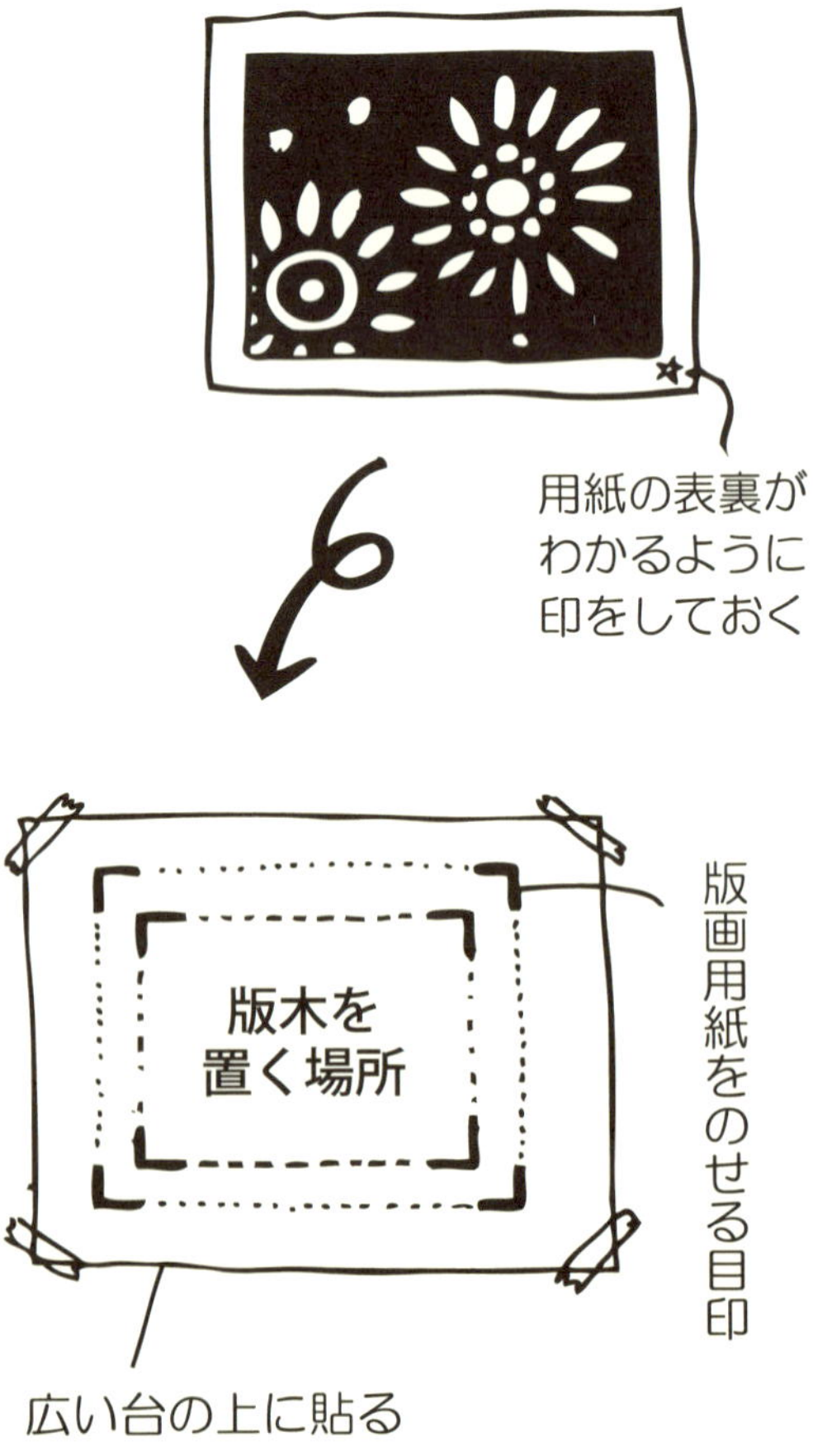

ふわっとサポート 218
版画を刷る場合に用紙を載せる位置がわかるようにする

右の図のように教えておくと、子どもがやりやすくなります。

ふわっとサポート 219
真似るのも「OK」にする

絵を描いている、あるいは作品をつくっている途中で、お手本になりそうな子の作品をみんなに見せ、ポイントをほめます。

「上手な子のは真似してもいいんだよ、真似された子は先生なんだよ」

と言っておくことを忘れずに。

発達障がいを持つ子も持たない子も様々です。芸術的なセンス抜群の子もいますが、一方で、どうしても図工が苦手な子の悩みを察知してあげることが大切なのではないでしょうか。

習字の支援

三つの支援ポイントを中心に

習字の授業

12月には習字の指導に力が入ります。書き初めを冬休みの宿題に出す学校も多いことでしょう。

習字には、姿勢の保持、手の巧緻性、見通し、整理整頓の能力など、様々な能力が必要となります。発達障がいを持つ子の支援での基本的なポイントは、

①書き終わった紙の処理
②筆の処理
③墨の処理

の三つです。

ふわっとサポート 220　机を向かい合わせにする

各机を向かい合わせにすれば、前の席の子の背中にうっかり（?）墨をつけることがなくなります。

ふわっとサポート 221　教師が机間巡視する

子どもたちをなるべく立ち歩かせないで、先生が回って指導したほうが混乱を避けることができます。

93 サッとツール　書き終えた半紙入れ

新聞紙を折って、左の2枚の写真のように、上をクリップで留めます。そして、開いているほうから作品をはさんでいきます。紙の大きさに合わせて新聞紙の折り方を調整するようにします。

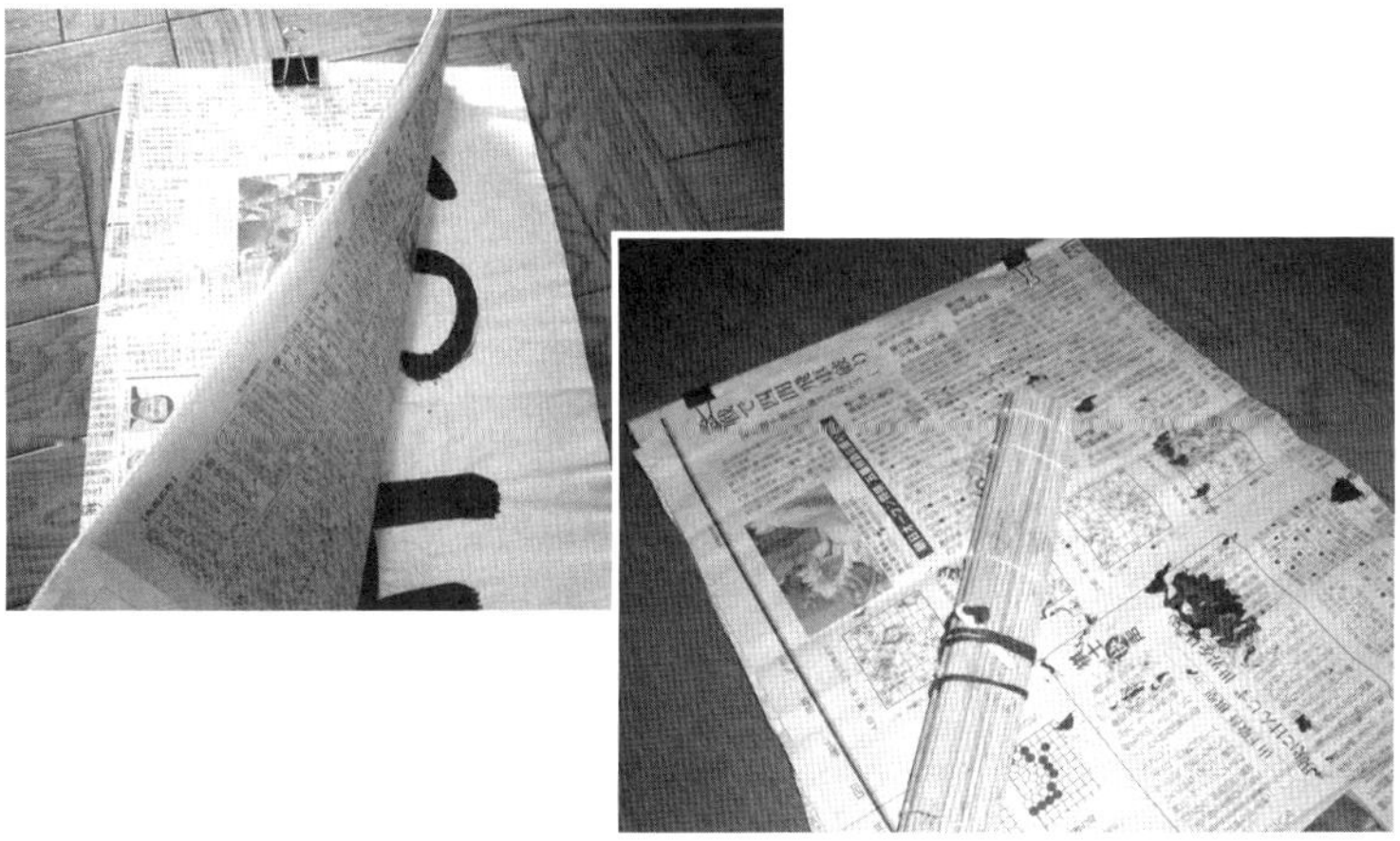

新聞紙で作品をはさむ

ふわっとサポート 222

筆の透明キャップは捨てさせる

筆に付属している透明キャップは捨てさせておかないと、キャップを筆にはめることにこだわってしまう子がいます。

ふわっとサポート 223

筆は家で洗わせる

筆はいちおう簡単にふき取らせますが、帰宅してから洗うように指導します。

サッとツール 94

あまった墨回収ビン

あまった墨は専用のスポイトで吸わせる方法もありますが、細かい作業が苦手な子が多いので、できれば写真のように口の広い（ジャムなどの）ビンに入れて回収することをお勧めします。

口の広いビン

習字指導は、なるべく特別教室などを使って広い場所で行うようにすること、複数の先生で指導することも必要です。

ちなみに「お手本は（自分の）横に置いてね」と口頭で指示したとき、高機能自閉症のユウカさんは右の写真のようにお手本を「横」にしてしまいました。

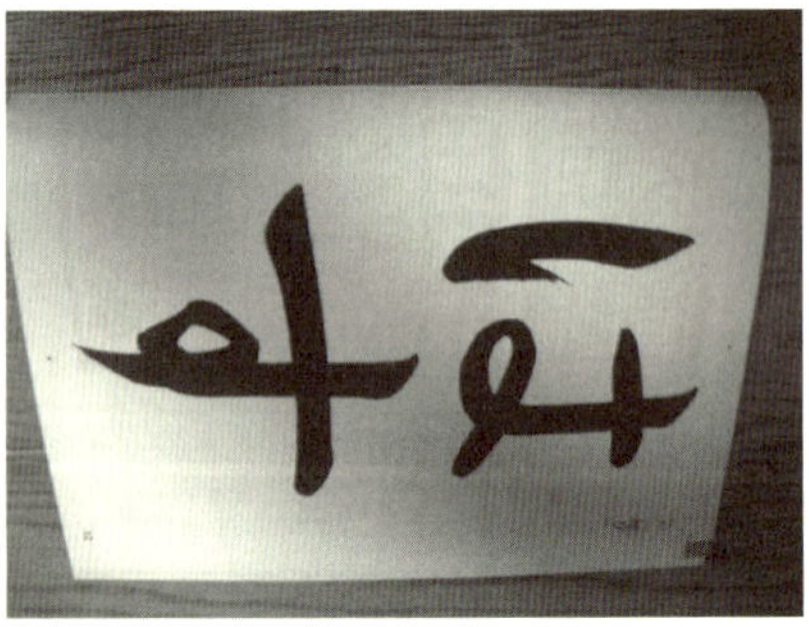

「お手本を横に置く？」

サッとツール 95

洗濯で落ちる墨液

（サクラクレパス）

墨が消える、というのは大げさかもしれませんが、最近、汚れても水洗いで落ちる特殊な墨汁（商品名は「墨液」）が販売されています。

洗濯で落ちる墨液

発達障がいを持つ子の場合、本文でご提案した支援プランにプラスして、この墨汁を保護者に購入してもらうと、先生も保護者もちょっと安心ですね。ただし、子どもには申し訳ないけど「消えるから大丈夫よ」と言わないほうがいいかもしれません。「どうせ汚れても落ちるから」なんてペタペタつけちゃう場合があるからです。

サッとツール 96

水で書ける練習用習字ボード・半紙

いくつかのメーカーから、水で濡らした筆で書ける練習用のボードや半紙が出ています。手や衣服が汚れない上に、乾くと消えて何度でも書けるので、練習に便利です。

英語の支援

声を出さなきゃ始まらない

英語の指導のポイントは、「英語で自分の意思を相手に伝えられるようにすること」です。

ですから、子どもたちが身近な英語を覚え、英語を使ってコミュニケーションを図ることの楽しさを味わうことが最初の一歩です。そして、相互のやりとりが特に大切になってくるわけです。

ゲームなどを通して楽しく英語を口に出す、たくさん間違っても気にしない、声を出さなきゃ始まらない、それが英語なのです。

体で覚える英語

英語はとにかく「反復練習が肝心」と、中学校の先生方はおっしゃいます。

しかし、小学生の場合、英語をただひたすら反復させる、というのはかなり難しいことでしょう。

クラス全員をあきさせることなく反復練習させるには、様々なアイデアを総動員して、跳んだり、投げたり、踊ったりと、体の動きを伴わせる必要があります。

ふわっとサポート 224 英語のシャワーを浴びせる

とにかく英語をシャワーのように浴びせ、英語に慣れさせましょう。

そのもっとも自然なシャワーは、「歌」です。ある中学校の先生は、「歌は文化そのもの」だとおっしゃっていました。欧米の「子どもの歌」から始まって、ロックやポピュラーなども聴かせながら、耳に慣れさせていきます。

ふわっとサポート 225 イベントで楽しむ

ハロウィンのイベントで遊ぶ

ハロウィンの飾りつけ

子どもはとにかくイベントが好き。特にハロウィンやクリスマスはうまく盛り込んでいきましょう。

97 サッとツール 単語伝言ゲーム

子どもたちをいくつかのチームに分けて、それぞれが1列になり、先頭の子に例えば「c, a, t, cat」と伝えます。その子が後ろに、また後ろの子にと伝言ゲームの要領で伝えていきます。レベルを上げる場合は、単語ではなく、簡単な文にします。

98 サッとツール 時間でBOMBゲーム

チームごとに輪になって座ります。キッチンタイマーを20秒なら20秒にセットし、お題を例えば「数字」にすると、最初の人が「one」と言って、すばやく次の人にタイマーを手渡します。次の人は「two」、その次の人は「three」と言い、タイマーが鳴るまで続けます。自分のところでタイマーが鳴ってしまったらアウトです。

99 サッとツール ナベアツジェスチャー

例えば、3の倍数のときは「拍手」、5の倍数のときは「ジャンプ」、3と5の倍数のときは「拍手とジャンプ」というルールに決めます。先生が「three」とか「five」とかと言うと、それに合わせて子どもたちがルールに合った動作をします。

100 サッとツール レッツゴー・ショッピング

子どもたちが店員役とお客様役になって、買い物のロールプレイをするのも盛り上がります。

特にオススメなのは、「セルラーショップ（携帯電話屋さん）ごっこ」です。不要な携帯をたくさん集めておいて、実物の携帯電話を使って行います。電話番号などは、数字をたくさん発音しなけ

セルラーショップごっこ

ればならないので、覚えるチャンスが広がります。

101 サッとツール　フラッグパズル

英語圏の外国や日本の国旗をパズルにして、それを組み立てていき、国名を英語で答えるゲームです。

日本ならば、日本（Japan）、日本語（Japanese）、寿司（Sushi）など、その国の食べ物や有名なものなども関連して覚えるようにします。

フラッグパズル

102 サッとツール　ストーン・イン・ザ・ボックス

各児童1人ずつに、箱と12個の石を渡します。最初は箱を空にしておき、例えば先生が「4 stones in, 2 stones out, ～」と指示していきます。そして最後に「How many stones in the box?」と質問します。簡単に思えるかもしれませんが、指示を速くすると私たちでも大混乱しますよ。

ストーン・イン・ザ・ボックスのセット

まとめ

特別支援教育のスピリッツ

これまで、たくさんの学校行事や教科を取り上げ、様々なアイデアやポイントをご紹介してきました。最後にまとめとして、特別支援教育のスピリッツを述べたいと思います。

ふわっとサポート 226 一人ひとりの子どもに合った支援で、クラスのみんなをハッピーに

再三述べていることですが、気になる子、配慮を要する子への適切な支援は、その子だけでなく、まわりの子どもたちが快適に教室で過ごし、ともに学び合うためにとても重要な取り組みにつながります。もちろん、クラスをていねいにまとめ、誰もが「居心地のよいクラス」をつくることが、特別支援教育の願いでもあり、ゴールでもあるのです。

ふわっとサポート 227 先手必勝！

子どもたちへの支援で大切なことは、「待ちの姿勢」ではなく、こちらから積極的に「打って出る取り組み」です。

もちろん、その子に直接はたらきかけるだけでなく、まずは問題行動が生じにくいクラス環境をつくっておくことが第一です。

問題が起きてから学級のトーンを整えることは非常に難しく、対処しにくいからです。

ふわっとサポート 228 熱いハートでクールに対応

子どもたちと先生がお互いに高め合う関係をつくるためには、打てば響くような熱いハートが必要です。

ですが、問題行動を目の前にしてカッカしてしまっては、適切にかかわることができなくなってしまいます。心は子どもを大切に思うホットなハートで、しかしながら、頭はクールに保ち、冷静に対処しましょう。決して巻き込まれないスタンスが求められています。

ふわっとサポート 229 子どもたちの通訳者たれ

発達障がいを持つ子たちが、授業中「どうしよう、先生の言っていることがわからない」と困っているとき、「どうしてわからないの？」と思わずに、「どうやって教えたらわかってもらえるのか」

をいつも考える私たちでありたいものです。

　そのためには、いつも子どもの立場に立って考え、表現がうまくない子どもたちの通訳になれるように、学び続けることが大切です。そして、彼らに合った「学び」を工夫し即実践してみる、勇気ある大人を目指しませんか。

終わり、そして新たな始まり

ふわっとサポート 230 支援を楽しもう！

　発達障がいを持つ子とかかわっていると、本当に私たちは子どもたちに育ててもらっているのだなあ、と感じます。ちょっとでも手抜きをしたり、気持ちが入っていなかったりすると、支援プランやツールがまったく役に立たないことがあります。

　でも、そんなときに、くやしがるのではなく、「さすが、大人をよく見ているなあ」とか「この方法で効果がないのは、この子が私（先生）を追い越して成長してるんだなぁ」と感心し、そして「いやあ、やられたなあ」とニコリとする余裕を持ちたいものです。そして、この子がもっとのってくれる、喜んでくれる、楽しんでくれるアイデアはないかなと模索し続け、発想すること自体を楽しむことができたらいいなと思います。私たちが楽しんでいれば、きっと、子どもたちも波長を合わせてくれるはずです。

　思い返してみると、これまで出会った全国のステキな先生方は、支援で子どもに乗り越えられてしまったときでさえ、そんな子どもの話を笑顔で私（阿部）にうれしそうに語ってくれたものでした。現場はいつも楽しめるほどゆとりがあるわけではありませんが、できる限り楽しもうとする前向きさに本当に頭が下がります。

　それでは最後に、西埼玉ＬＤ研究会会長、小関京子先生の言葉でしめくくりたいと思います。

ふわっとサポート 231 「子どもを師とすべし！」

あとがきにかえて

私たちの会、西埼玉ＬＤ研究会は、約10年前に通常学級の担任と養護教諭の仲間が集まり、「生きにくさや学びにくさを抱えた子どもたちをどのように支援したらよいか」という課題についてともに考えていこう、という趣旨で発足しました。

阿部利彦先生が所沢市に入られて間もなく、所沢市のメンバーからすばらしい先生が来られたことを耳にしていました。実際にお目にかかれたのは、ＹＭＣＡ主催のセミナーが川越市で開催された折、講師で来ていただいたときでした。お若くてとても穏やかな方というのが第一印象でした。

その後いろいろな場でご一緒になることが多く、先生はご多忙を極められる中、私たちの会との繋がりを大切にしてくださり、私たちを高めてくださいました。感謝です。

何しろ、私たちの会のメンバーときたら、本人たちが、様々な支援を必要としているようで、ＬＤ学会等に出席すると、「君たちの会は、研究会という言葉はいらないね。ＬＤ会でいいよ」と言われるくらい目立つメンバーがそろっています。会議をしていても、それぞれに関係のないことをしゃべりだしたり、人が話している途中で頭に浮かんだことをしゃべりだしたりするので、話し合いがなかなか進まないという悩み多き会です。

そんな私たちに、阿部先生から、通常の学級で発達障がいを持つ子どもたちにどのような支援をしたらいいのかを連載したいので、力を貸してほしいというお話があったとき、ともに仕事ができる喜びが優先して、後先なく二つ返事しました。

もともと、メンバーは子どもが大好きで、子どもに寄り添う仲間たちです。日本ＬＤ学会や日本自閉症スペクトラム学会に入って学んだのも、私たちには誰にも負けない実践はあるけれど、それを裏付ける理論がなく、そのために人に理解してもらうことが難しいと感じていたからでした。というわけで、阿部先生のご提案に、それぞれが「任せてください」の心境だったと思います。

連載1年目は月ごとの学級指導へのヒント、2年目は教科指導での支援でした。今の私たちにとって、特別支援とは、特別の子どもに対する支援という視点ではなく、学級全員がわかり、楽しく過ごせる学級づくりととらえています。

毎月1回、夕食をともにしながらの学習会という名目で集いました。

阿部先生が「今日の課題は……でお願いします」と始めるわけですが、それからが大変。それぞれに取り組んできた実践を、我先にとりとめもなく話します。また、それぞれに得意とする分野もあります。阿部先生はその話に相槌を打ちながら聞き、メモを取っておられました。時には、私たちが教室で使っているグッズを持ち寄り、阿部先生はそれをカメラに収められます。それぞれしゃべることがなくなってくると、静かになり、ちょうどいいお時間で……となるわけです。

そして翌月になると、そのとりとめのないおしゃべり実践話がきれいにまとめられて誌面になっています。阿部先生の文章を読みながら、私たちは改めて自分たちの実践を客観的に見直し、なるほどと納得するのです。本当に頭が下がりました。

この2年間、いろいろな意味でとてもよい勉強をさせていただいたことに心から感謝しています。私たちの実践してきたことが、1人でも多くの、現場で困っておられる先生方の参考になればと願っています。私たちはこれからも子どもたちに学びながら、試行錯誤を繰り返し、これでもダメ、これは……といろいろな挑戦を続けていくことでしょう。

阿部先生、本当にありがとうございました。お疲れさまでした。これからも懲りずに、私たち西埼玉ＬＤ研究会の面々とおつきあいください。そして、私たちを高めてください。

西埼玉ＬＤ研究会代表　小関　京子

阿部からひとこと

たくさんの現場の先生方が、そして子どもたちが笑顔でいられるようにと、西埼玉ＬＤ研究会のメンバーや助っ人の丸田美幸先生、綾田みどり先生に、学校が終わってから集まっていただいて、夜遅くまでみんなで侃々諤々アイデアを出し合ってやってきた連載をまとめた本書、少しは皆さまのお役に立てたでしょうか？

私たちにとってのチャレンジだった2年間の連載中、読者の皆さまの励ましの声に何度も支えられました。本当にありがとうございました。

また、ほんの森出版の兼弘陽子さんには、あるときは寛容な編集者として、またあるときには理解ある読者として、温かく励まし支えていただきました。ここに心より感謝申し上げます。

阿部　利彦

●　●　●　西埼玉ＬＤ研究会

顧　問　吉野　邦夫　西多摩療育センター施設長
副顧問　阿部　利彦　所沢市教育委員会　健やか輝き支援室　支援委員

会　長　小関　京子　財団法人埼玉ＹＭＣＡ特別支援アドバイザー

副会長　佐々木仁子　所沢市立北小学校

入江　悦子　入間市立高倉小学校
小暮　洋子　所沢市立宮前小学校
白倉　節子　所沢市立上新井小学校
武石　淑子　所沢市立林小学校
千島　恵子　入間市立仏子小学校
中嶋　和子　所沢市立北小学校
山畑ちえ子　入間市立金子小学校

●　●　●　ご協力いただいた方々

音楽編　丸田　美幸　所沢市立泉小学校
英語編　綾田みどり　所沢市立伸栄小学校

＊所属は初版時

図・イラスト協力　ずん

＊本文中の市販されている文房具等の写真は、製造元のご了解を得てご提供いただいた写真を掲載させていただき、ツールごとに製造元を記しました。

● ● ● 著者

阿部　利彦（あべ　としひこ）

星槎大学共生科学部准教授。埼玉県特別支援教育推進委員会副委員長。

専門は、教育相談、学校コンサルテーション。さまざまな市町村の特別支援教育アドバイザーを務め、その取り組みはテレビ、ラジオ、新聞などでたびたび取り上げられている。また、星槎教育研究所（http://www.seisa.ed.jp/npo/）では、発達に関する相談を行っている。

1968年生まれ。早稲田大学人間科学部卒業。東京国際大学大学院社会学研究科修了後、東京障害者職業センター生活支援パートナー（現在のジョブコーチ）、埼玉県所沢市教育委員会学校教育課健やか輝き支援室支援委員などを経て現職。

著書『発達障がいを持つ子の「いいところ」応援計画』（ぶどう社、2006年）は、韓国でも翻訳出版されている。他に、『発達が気になる子のサポート入門』（学研、2010年）、『クラスで気になる子の支援　ズバッと解決ファイルNEXT LEVEL』（金子書房、2012年）等著書多数。

クラスで気になる子の
サッとツール＆ふわっとサポート333
LD、ADHD、高機能自閉症を持つ子が教えてくれた

2009年７月25日　初版発行
2013年５月15日　第４版発行

著　者　　阿部　利彦
発行所　　ほんの森出版株式会社
〒145-0062　東京都大田区北千束3-16-11
電話 03-5754-3346 FAX 03-5918-8146
URL http://www.honnomori.co.jp/
発行人　　小林　敏史
印刷所・製本所　　研友社印刷株式会社

ISBN978-4-938874-69-8 C3037　　落丁・乱丁はお取り替えします。